以理服人

大学生关心的马克思主义问题

鲍 金 著

中央编译出版社
Central Compilation & Translation Press

图书在版编目（CIP）数据

以理服人：大学生关心的马克思主义问题／鲍金著．——北京：中央编译出版社，2023.1
　　ISBN 978-7-5117-4256-8

Ⅰ.①以… Ⅱ.①鲍… Ⅲ.①马克思主义－青年读物 Ⅳ.①A81-49

中国版本图书馆 CIP 数据核字（2022）第 190763 号

以理服人：大学生关心的马克思主义问题

责任编辑	苗永姝
特邀编辑	郑　锦
责任印制	刘　慧
出版发行	中央编译出版社
地　　址	北京市海淀区北四环西路 69 号（100080）
电　　话	（010）55627391（总编室）　　（010）55627319（编辑室）
	（010）55627320（发行部）　　（010）55627377（新技术部）
经　　销	全国新华书店
印　　刷	北京时捷印刷有限公司
开　　本	880 毫米×1230 毫米　1/32
字　　数	220 千字
印　　张	10.25
版　　次	2023 年 1 月第 1 版
印　　次	2023 年 1 月第 1 次印刷
定　　价	69.00 元

新浪微博:@中央编译出版社　　微　　信:中央编译出版社(ID: cctphome)
淘宝店铺：中央编译出版社直销店（http://shop108367160.taobao.com）
　　　　　（010）55627331

本社常年法律顾问：北京市吴栾赵阎律师事务所律师　闫军　梁勤
凡有印装质量问题，本社负责调换，电话：（010）55626985

教育部高校思想政治工作创新发展中心（上海交通大学）理论研究 A 类课题"新时代大学生理想信念教育与增强'四个自信'的问题探究路径研究"（批准号：DFY–LL–2021048）最终成果

序　言

党的十八大以来，习近平多次就办好思想政治理论课发表重要讲话，强调办好思政课，要放在世界百年未有之大变局、党和国家事业发展全局中来看待，要从坚持和发展中国特色社会主义、建设社会主义现代化强国、实现中华民族伟大复兴的高度来对待。在习近平关于办好思想政治理论课的系列重要论述中，令人印象深刻的是对于思想政治理论课要重视学生问题的阐述："思政课上学生会提一些尖锐敏感的问题，往往涉及深层次理论和实践问题，把这些问题讲清楚讲透彻并不容易。"[①] 讲好思想政治理论课不容易，要将马克思主义的完整理论和科学体系以符合学生认知的方式传授给学生，并且让他们学会运用马克思主义立场观点方法关注和分析社会问题，是对每一位思政课教师的更高要求和更大挑战。

近年来，上海交通大学始终把思政课建设摆在重要位置，紧

[①] 习近平：《思政课是落实立德树人根本任务的关键课程》，北京：人民出版社2020年版，第11页。

以理服人：大学生关心的马克思主义问题

紧抓住制约思政课建设的突出问题，在工作格局、队伍建设、支持保障等方面采取有效措施，努力形成学校办好思政课、教师讲好思政课、学生学好思政课的良好氛围，产生了一批助推知识拓展、凸显能力提升、彰显价值引领的教学成果。由上海交大马克思主义学院教师鲍金撰写的《以理服人：大学生关心的马克思主义问题》一书，就是代表性成果之一。

与同类著作相比，该书具有三个突出特点。

一是面向学生所思所想的针对性。在高校思想政治理论课中，存在着一些形式化的现象，出现了教师觉得"不管用"、学生觉得"不解渴"的问题。该书既没有依循从概念到概念的传统教科书式的写作范式，也没有停留在对思政课的泛泛之谈中，而是直面学生们提出的方方面面的真实问题，将思想政治理论课教学与学生实践体悟中的困惑融通转化。如作者所言，当前思政课教学的关键问题不仅在于教材体系能否转化为教学体系，而且在于教材体系能否转化为有针对性的教学体系。

二是坚持问题探究的育人理念。面向大学生的马克思主义理论教育，是遵循问题的逻辑展开现实的教育教学过程，即马克思主义理论教育"要注重启发式教育，引导学生发现问题、分析问题、思考问题，在不断启发中让学生水到渠成得出结论"[①]。问题探究的过程往往比问题的答案更能够触动学生、启发学生。该书正是以问题探究的问答方式来贯彻立德树人的理念，通过将马

[①] 习近平：《思政课是落实立德树人根本任务的关键课程》，北京：人民出版社2020年版，第22页。

克思主义经典著作、马克思主义基本原理与当代社会实际、学生生活实际相结合，培养学生运用马克思主义的"知其所以然"能力、批判性思维能力和学以致用能力，这是当前思想政治理论课贯彻"大思政课"要求的题中之义。

三是体现以理服人的辩证原则。习近平指出，不能"把课讲成简单的政治宣传，而要以透彻的学理分析回应学生，以彻底的思想理论说服学生，用真理的强大力量引导学生"①。在坚持思政课政治引导的基本功能的基础上，思政课教师的观点结论要经得起学生"为什么"的追问乃至质疑，这就要求思政课教师的解疑释惑具备以理服人、明晓事理的理性素养。作为思政课一线教师从事马克思主义理论教育的成果，该书遵循理性、辩证、平等、宽容的说理原则，在说理、论证、反思、辨析的过程中引导学生，起到潜移默化的教育效果。

习近平指出："办好思想政治理论课关键在教师，关键在发挥教师的积极性、主动性、创造性。"② 对于思政课教师来说，讲好思想政治理论课、抓好马克思主义理论教育，培养德智体美劳全面发展的社会主义建设者和接班人，是一项伟大事业、一门科学和一门艺术，也是一个与时俱进的过程，在教学实践中经常会遇到新情况、新矛盾、新课题。《以理服人：大学生关心的马

---

① 习近平：《思政课是落实立德树人根本任务的关键课程》，北京：人民出版社2020年版，第18页。
② 习近平：《思政课是落实立德树人根本任务的关键课程》，北京：人民出版社2020年版，第10页。

克思主义问题》的作者为此付出了努力和心血，进行了探索和创新，希望对高校思想政治理论课教师和青年学生有所教益和启迪。

是为序。

上海交通大学党委书记 杨振斌

2022 年 12 月

目录

导　言 // 1

第一章
马克思是我们的同时代人 // 19

马克思主义是终极理论吗？// 21
马克思主义是关于物质生活的理论吗？// 25
马克思主义理论有没有一个体系？// 29
怎样看待马克思主义和其他理论的关系？// 38
马克思有没有自己的哲学？// 42
马克思主义是人的发展的学说，还是人类社会发展
　规律的学说？// 52
马克思主义是关于无产阶级阶级斗争的理论吗？// 56
马克思的哲学为什么是一种经济哲学？// 61
什么是先验主义的论证？// 71
马克思是怎样发现商品价值的？// 75
所有的劳动都是抽象劳动吗？// 82

个人为什么会受到抽象的统治？// 88
实践如何能够合理地解决理论解释的神秘主义？// 97
唯物论和唯心论能折中吗？// 101
唯心主义是无法被证明和被推翻的吗？// 105
社会科学的客观性是怎么体现的？// 108
哲学是幸福的，还是痛苦的？// 111

第二章

熟知非真知 // 113

桌子是不是"物质"？// 115
"实在"是什么含义？// 119
我感知的一切在我消失后还存在吗？// 123
相对于乙的意识，甲的意识是物质吗？// 126
怎样判断真理和谬误的界限？// 129
我们是怎样谈论真理的？// 132
假象是我们现有水平所没有认识到的真理吗？// 138
什么是事实？// 142
在我看之前，扑克牌的花色就已经确定了吗？// 147
怎么看待质量互变的原理？// 149

第三章

认识我自己 // 153

怎样认识"我是谁"？// 155

是命运改变人生，还是人改变命运？// 158
等我死了，那个"我"还存在么？// 162
我们就像细胞一样存在着吗？// 165
人的争强好胜源自动物的争强好胜吗？// 168
选择奋斗，还是选择幸福？// 171
西方经济学的"理性人"假设有什么问题？// 176
人性是自私的吗？// 180
难道没有抽象的人性吗？// 184
马克思对人性是怎样思考的？// 187
预设的重要性在哪里？// 190
婴儿是社会的存在物吗？// 194
先有鸡，还是先有蛋？// 198
"先有鸡还是先有蛋"的问题是合理的吗？// 201
怎样定义"鸡"？怎样定义"蛋"？// 204
1900 为什么不下船？// 207

第四章
透过现象看本质 // 211

要法治，还是要人治？// 213
怎样才是"见山只是山"？// 216
科学发达的社会，为什么神学依然盛行？// 219
文化是社会发展的根本动力吗？// 223
美国的基础是经济、中国的基础是道德吗？// 227
怎么看社会的不公平？// 229

自由发展出来的社会一定稳定吗？// 233
历史是被多数人还是被少数个人决定的？// 236
2008年金融危机发生的根本原因是什么？// 240
《拿烟斗的男孩》为何会拍出1.04亿美元的
　天价？// 248
垄断是否偏离价值规律呢？// 251
资本家为什么要提高工人的工资？// 253
工资提高之后，工人的地位变了吗？// 257
现代社会的劳动还是异化劳动吗？// 260

第五章
共产主义社会还有没有矛盾 // 265

社会主义和资本主义的区别到底是什么？// 267
共产主义社会中的人性是怎样的？// 272
共产主义社会有矛盾吗？// 275
随兴趣而工作的共产主义社会会乱套吗？// 278
马克思追求自由吗？// 283
马克思是怎样认识自由的？// 291
共产主义一定要扬弃私有财产吗？// 300
是否会有一个新的社会形态优于共产主义
　社会？// 305
人的自由发展需要经历多久才能实现？// 310

导 言

习近平在党的二十大报告中指出:"我们必须坚定历史自信、文化自信,坚持古为今用、推陈出新,把马克思主义思想精髓同中华优秀传统文化精华贯通起来、同人民群众日用而不觉的共同价值观念融通起来,不断赋予科学理论鲜明的中国特色,不断夯实马克思主义中国化时代化的历史基础和群众基础,让马克思主义在中国牢牢扎根。"① 高校如何切实推进马克思主义中国化时代化,教育和引导大学生自觉认同和践行马克思主义,这是一个既十分紧迫又任重道远的重大理论课题和实践课题。习近平在北京大学师生座谈会上指出落实这一重大课题的方向、着力点和总体目标,这就是"要抓好马克思主义理论教育,深化学生对马克思主义历史必然性和科学真理性、理论意义和现实意义的认识,教育他们学会运用马克思主义立场观点方法观察世界、分析世

---

① 习近平:《高举中国特色社会主义伟大旗帜 为全面建设社会主义现代化国家而团结奋斗——在中国共产党第二十次全国代表大会上的报告》,北京:人民出版社2022年版,第18页。

以理服人：大学生关心的马克思主义问题

界，真正搞懂面临的时代课题，深刻把握世界发展走向，认清中国和世界发展大势，让学生深刻感悟马克思主义真理力量，为学生成长成才打下科学思想基础"①。学习贯彻落实习近平总书记的重要讲话精神，在高校中"抓好马克思主义理论教育"，需要解决的问题是：谁来抓好马克思主义理论教育？在高校中抓好马克思主义理论教育的对象是谁？怎样抓好马克思主义理论教育这一工作？对于第一个问题，习近平在学校思想政治理论课教师座谈会上指出："思政课是落实立德树人根本任务的关键课程，思政课作用不可替代，思政课教师队伍责任重大。"② 这就意味着，长期承担思想政治理论课一线教学任务的广大教师是抓好马克思主义理论教育的重要主体。对于第二个问题，答案也不难寻找，当代大学生是在高校中抓好马克思主义理论教育的主要对象。对于第三个问题，涉及抓好马克思主义理论教育的原则精神、方式方法、路径措施等一系列问题，这正是需要高校认真思考、深入研究的重大理论问题和现实问题。

作为一名高校思想政治理论课教师，笔者深深感到在大学生中抓好马克思主义理论教育的重要性和紧迫性。在日常教学实践中，笔者收到了许多大学生通过邮箱发来的各种各样的问题。从这些问题当中，不仅能够感受到当代大学生对马克思主义等"大道理"的关心，而且可以体会到大学生对科学意识形态内在的精神需求，感受到办好思想政治理论课与抓好马克思主义理论教育

---

① 习近平：《在北京大学师生座谈会上的讲话》，载《人民日报》2018 年 5 月 3 日。
② 习近平：《思政课是落实立德树人根本任务的关键课程》，北京：人民出版社 2020 年版，第 2 页。

的内在一致性。在马克思主义理论和思想政治理论课面前,大学生总会提出很多问题,要想将教材体系有效地转化为教学体系,从而提升马克思主义理论教育的思想性、理论性和亲和力、针对性,就不能采取照本宣科和强灌硬输的方式,而是真正地贯彻"大思政课"教育理念,从学生的实际精神需要出发,"引导学生发现问题、分析问题、思考问题,在不断启发中让学生水到渠成得出结论"①。因此笔者认为,以问题探究为切入口,通过问题逻辑的构建来推动大学生接受和认同马克思主义,不失为抓好马克思主义理论教育工作的一条有效途径。这就要求我们思考问题探究的本质和规律,从而深化马克思主义理论教育的问题探究思路。在这一过程中,有以下几个问题需要深入认识。

一、学生问题导向的马克思主义理论教育

关于马克思主义理论教育问题,当前学术界的成果非常丰富。从整体来看,现有成果主要集中于马克思主义理论教育的规范性研究领域,表现为对马克思主义理论教育的思想渊源、实践基础、历史进程、丰富内涵、基本特征、成功经验和重要意义等方面进行了详尽的研究,这些成果为在高校中抓好马克思主义理论教育奠定了重要的理论基础。然而当我们用冷静的眼光来考察高校马克思主义理论教育的实践效果时,就会发现当前薄弱环节

---

① 习近平:《思政课是落实立德树人根本任务的关键课程》,北京:人民出版社2020年版,第22页。

以理服人：大学生关心的马克思主义问题

之一是，高校马克思主义理论教育还相对地缺乏生动具体的、关联到大学生日常生活的理论阐释，还相对地缺乏对大学生最切身、最密切的日常生活问题的全面而深刻的回应，而如果缺少了这些方面，那么即使我们在理论上将高校马克思主义理论教育的方方面面阐释得非常到位，也只是迈出了"解释世界"的一步，距离"改变世界"还有相当的距离。例如，对于在高校中抓好马克思主义理论教育这一工作来说，我们能说一名在思想政治理论课考试中取得高分的学生，他（她）肯定地"深刻感悟到了马克思主义真理力量"，从而"打下了科学思想基础"吗？恐怕不能，这是因为马克思主义理论教育的实际成效绝不仅仅表现在考试成绩上，而是更多地表现在学生能否运用马克思主义立场观点方法观察当代社会问题，能否以马克思主义的思维方式和方法论原则回答当代中国与世界的问题，即习近平所说的"学会运用马克思主义立场观点方法观察世界、分析世界，真正搞懂面临的时代课题，深刻把握世界发展走向，认清中国和世界发展大势"①。就此而言，在思想政治理论课课堂之外需要开拓更多的开展马克思主义理论教育的实践课堂，这是关系到能否抓好马克思主义理论教育、促使马克思主义理论教育结出累累硕果的重大课题。

就高校而言，思想政治理论课教学无疑是对大学生进行马克思主义理论教育的主渠道。但是，如何把马克思主义的教材体系转化成马克思主义的教学体系，仍然是一个需要深入研究的问

---

① 习近平：《在北京大学师生座谈会上的讲话》，载《人民日报》2018 年 5 月 3 日。

题。在我们看来，在大学生中推进马克思主义理论教育的实践所产生的几乎所有问题，都与教学体系没有回应大学生的问题诉求有着千丝万缕的关系，都与教学体系脱节于大学生的精神内需有着直接间接的关系。所以关键问题不仅在于教材体系转化为教学体系，而且在于教材体系能否转化为有针对性的教学体系，因此我们提出"学生问题导向的马克思主义理论教育"。所谓"学生问题导向的马克思主义理论教育"，是指把回应当代大学生最经常提出、最关心的问题作为在大学生中推进马克思主义理论教育的重要途径，把面向大学生的马克思主义理论教育落实到以解答大学生问题为载体的马克思主义理论教育中。这里有三个需要注意的方面。

第一，为什么要通过问题探究来推进面向大学生的马克思主义理论教育。马克思主义理论要吸引大学生、说服大学生，必须要直面大学生最经常提出、最关心的问题，尤其是理论和现实中的热点、疑点问题。马克思主义作为精神武器和行动指南，是在分析和解决现实生活问题的过程中实现自身的，这是马克思主义重要的表现形式和实现形式，因此在问题探究中促使大学生逐步体会马克思主义的逻辑力量和理论魅力，是面向大学生的马克思主义理论教育的重要实践路径。众所周知，马克思主义是人民的理论、群众的理论，是只有在群众中才能发挥作用、体现价值的理论。"马克思主义博大精深，归根到底就是一句话，为人类求解放。"[①] 面向大学生的马克思主义理论教育关心的问题应当是

[①] 习近平：《在纪念马克思诞辰200周年大会上的讲话》，北京：人民出版社2018年版，第18页。

以理服人：大学生关心的马克思主义问题

大学生最经常提出、最关心的问题，而马克思主义理论教育的实践应当结合大学生提出的问题，用大学生喜闻乐见的形式和方式向他们讲解和传播。

第二，马克思主义理论教育的灌输与启发的关系问题。在大学生中推进马克思主义理论教育，以课堂教学为主体的正面灌输是必要的，但是单一的正面灌输容易引起大学生的逆反、排斥心理。教学实践发现，思想政治理论课的抬头率往往不及到课率。在这种情况下，与其抱怨当代大学生缺乏对马克思主义理论的需求，不如认真地分析当前面向大学生的马克思主义理论教育到底存在哪些问题。其中，一个关键问题是如何处理马克思主义理论教育的正面灌输和隐性灌输的关系，即灌输与启发的关系。习近平深有感触地说道："灌输是马克思主义理论教育的基本方法。……让学生接受马克思主义，离不开必要的灌输，但这不等于搞填鸭式的'硬灌输'。要注重启发式教育，引导学生发现问题、分析问题、思考问题，在不断启发中让学生水到渠成得出结论。"① 马克思主义理论教育应当采取灌输性和启发性、正面灌输和隐性灌输、显性教育和隐性教育相结合的教育方式。马克思主义理论教育工作是一门高超的艺术，核心是以人为本，即把马克思主义的传播与回应大学生的问题诉求统一起来，把政治性和学理性、思想性和艺术性统一起来，力求在对大学生问题的探究过程中，坚持用马克思主义的立场、观点、方法对问题进行深入分析和有力解答，减少大话、空话和套话，减少空对空的

---

① 习近平：《思政课是落实立德树人根本任务的关键课程》，北京：人民出版社2020年版，第17页。

政治概念，以期收到马克思主义理论教育的"润物细无声"的实践效果。

第三，马克思主义理论教育与大学生精神内需的对接问题。马克思指出："理论在一个国家实现的程度，总是决定于理论满足这个国家的需要的程度。"① 这就提出了理论的实现度与理论对主体需要的满足度的关系问题。长期的历史实践证明，马克思主义被一个国家当做真正的精神武器和行动指南，归根结底是因为马克思主义满足了这个国家人民的内在的精神需求，这一思路提示我们应当从对大学生精神满足和人文关怀的角度来思考马克思主义理论教育的效果问题。对大学生而言，大学时期是人生"拔节孕穗期"的关键阶段，是一个人精神成人的奠基时期，科学的世界观和人生观、合理的价值观和理想观、正确的荣辱观和爱憎感正是在大学时期才逐渐地确立和成熟起来。因此，应当注重通过满足大学生的精神内需和人文诉求，促使面向大学生的马克思主义理论教育得到更加具体和有效的落实；应当注重通过回应大学生的问题和难题，帮助大学生真正在认知、情感和价值三个层面实现实质性跃升。只有如此，面向大学生的马克思主义理论教育才能"接上地气"，从而为"学生深刻感悟马克思主义真理力量"奠定基础。

二、什么是"问题探究"

只要是大学生提出的问题便理所当然地成为有待探究的问题

---

① 《马克思恩格斯文集》第1卷，北京：人民出版社2009年版，第12页。

吗？不一定。只有那些具有探究意义、现成答案无法有效解答的问题才会成为有价值的问题。尽管很多学生具备主动提问的学习积极性，但善于提问才是一个人体验问题探究、实现精神成长目标的合理起点。思想政治理论课教学应当鼓励学生突破现成答案、善于提问、合理质疑，教师应当首先关注学生提问的方法，通过对问题本身的结构分析培养学生的问题意识和问题自觉。教学实践证明，经过一定的方法点拨和问题分析，学生就会由"愿意提问"向"善于提问"发展，其问题意识和思维的批判性、创造性也会逐渐发展起来。

一般来说，能够提出有价值问题的方法有以下几种。一是针对概念进行提问。概念是反映事物本质属性的思维形式，学生针对概念的提问，能够促使学生深入理解概念的内涵和外延，明确不同概念之间的联系和区别。例如学生对"桌子是不是物质"的提问，有助于帮助学生理解物质、物质具体形态之间的联系和区别，如果对这一问题进行拓展，还可以延伸出矛盾的普遍性和特殊性之间的联系和区别。

二是对相近知识点进行提问。很多知识点都是在比较之中才显示出自身的质的规定性，有的学生对自然规律和社会规律的区别认识不清楚，有的学生对劳动力和劳动的区别认识不准确，因此在解答这些问题时，就需要教师通过相近知识点的比较来呈现各个知识点的具体规定性。

三是在理论与现实的矛盾处提问。包括一些教师在内的人都认为思想政治理论课所讲的"大道理"与现实生活距离较远，但是从学生提出的问题来看，学生总是不自觉地将课堂上的"大道理"与现实生活相比照,看"大道理"到底有没有说服力、管不管用。当学生发现理论与现实之间的对立、错位、差池时,便会对理论产生疑惑、不解,乃至指责和否定。从问题探究的角度,我们不把学生对"大道理"的一些困惑看成是有待消除的负面现象,而看成是引导学生深化理论认识、深入把握现实的良好契机。

四是在理论知识的联系处、矛盾处提问。由于学生缺乏必要的背景知识,缺乏辩证思维的变通性,往往会在旧知识和常识的支持下,提出一些新知识与旧知识相互"对立"、新知识与经验常识相互"冲突"的问题。教师应当以这些"对立""冲突"为切入口,深入分析理论知识的逻辑结构,增强理论学习的系统性和整体性,从而促进学生知识结构更高层次的有序化。

在明确了"什么是问题"之后,我们再来看"什么是探究"。对问题的探究是在坚持马克思主义立场观点方法的前提下,以对问题本身的批判性理解为前提,亲身感受知识的产生和发展过程,从而自主构建知识、获得辩证思维能力、获得创新实践素质的研究活动。探究既是教学方式,又是专题研究活动,更是教学指导思想,它渗透于一切教学活动中,贯穿于教学活动的始终。探究具有问题性、主动性、开放性、生成性和创造性的特点,探究的要旨是让问题意识激活学生原有的文化经验和知识,积极整合新的文化经验和知识,从而改善学生的主体结构素质,促使学生的能力和素质有一个实质性的提高。

问题探究的本性决定了:首先,探究者应当对问题本身保持强烈的批判意识,而不是带着对问题的"无意识崇拜"进入到

以理服人：大学生关心的马克思主义问题

这项活动中。任何问题都有自己成立的依据，问题的结构和提出方式决定着问题探究的可能的方向，因此，面对一个问题，第一步工作是分析问题得以提出的依据是否成立、是否合理。

其次，探究者应当按照问题所指示的逻辑、方向去分析问题、解决问题，而不预设可能影响问题解答的理论和观点。凡是有价值的问题，无不是开放的、生成的、未竟的，而且很多问题的可能解答都会超出现有教材的范围，也不存在"定于一尊"的标准答案，这就要求探究者按照以理服人、明达理性的原则探究问题，否则问题探究就会走向它的对立面——照本宣科、强灌硬输。

再次，问题探究的出发点和归宿是促使大学生对马克思主义等"大道理"的自觉认同。强调问题探究的理性原则，并不意味着可以放弃问题探究的理论指导。习近平指出："政治引导是思政课的基本功能。"① 实际上，无论是自然科学，还是人文社会科学，研究的绝对客观中立早已是一个被证伪的命题。"自然科学家尽管可以采取他们所愿意采取的态度，他们还得受哲学的支配。问题只在于：他们是愿意受某种蹩脚的时髦哲学的支配，还是愿意受某种建立在通晓思维历史及其成就的基础上的理论思维形式的支配。"② 我们始终意识到，思想政治理论课是面向大学生抓好马克思主义理论教育的主渠道，肩负着培养中国特色社会主义事业的建设者和接班人的重大任务，思想政治理论课教学

---

① 习近平：《思政课是落实立德树人根本任务的关键课程》，载《求是》2020年第17期。
② 《马克思恩格斯文集》第9卷，北京：人民出版社2009年版，第460页。

不仅可以而且应当时刻将马克思主义等"大道理"体现在问题探究的过程中，我们这样做的深层依据不过就是：马克思主义是真理。

最后，问题探究应当发挥出支撑大学生精神成长的教育学意义。问题探究不是就问题谈问题，而是就问题谈思维、就问题谈理论、就问题谈实践。我们认为精彩的问题探究，不仅在于解答使学生获益，而且问题的解答过程还要给予学生比答案更多的东西；不仅提供问题答案，而且解释问题性质、揭示问题前提、拓展问题视域；不仅探究者对问题及答案本身有所认识，而且对自己的思维方式形成自觉，进而改变自己的思维方式、改变自己的行为方式，这样一种更高层次上的问题解答是每一个探究者都值得努力追求的目标。

三、怎样认识当代大学生的马克思主义观

马克思主义等"大道理"固然表现为学生耳熟能详的一些话语，但其实质是科学的意识形态。其"大"在于强调大视野、大目标、大境界，其"道"在于体现和反映着人类历史的发展规律，其"理"在于理论化的表述和系统化的整理。马克思主义"大道理"曾经指导过几代人的奋斗，至今也仍然是社会的精神支柱，但在现实的思想状况中，马克思主义"大道理"的声望却弱化了，一些大学生总说"又是大道理"，"别和我讲大道理"，这些正是习近平所指出的一些领域中出现的"马克思主义被边缘化、空泛化、标签化"现象。不可忽视的是，以讲授马克思主义"大道理"为主要内容的思想政治理论课存在着供需

以理服人：大学生关心的马克思主义问题

失衡的现象，即国家和学校动员了大量资源推进马克思主义理论教育，而一些学生似乎并不领情，思想政治理论课面临着自上而下的高度重视和自下而上的相对冷漠的两种相反态度同时并存的尴尬处境，而这将会极大地消解思想政治理论课本应发挥的效果。那么，我们应当如何认识当代大学生对于马克思主义的态度？怎样解决马克思主义吸引当代大学生的问题？

我们认为问题的症结不在于马克思主义出了什么问题，而是思想政治理论课长期以来的教学方式不能有效地契合学生精神成长的需求，以致思想政治理论课教学内容与学生日常生活的所思所想毫不相干，与学生的精神内需几乎脱节，从而导致了思想政治理论课教学亲和力和针对性的丧失。针对这些现象，一些教师开始意识到学生需求的重要性，转而在课堂上讲授学生喜闻乐见的社会时事和容易吸引眼球的新闻事件，以改变思想政治理论课无法吸引学生的状况。我们并不反对以"寓教于乐"为特征的教学方式，不过如果"有趣性"成为课堂教学最后的和唯一的原则，那么教学改革就会走向歧途。比"有趣性"层次更高并且应当成为"有趣性"之统摄原则的是"学理性"。"学理性"既是指科学知识、理论体系等教学内容，也是指理性的、探究的、逻辑的等教学方式。习近平指出："要以透彻的学理分析回应学生，以彻底的思想理论说服学生，用真理的强大力量引导学生。……思政课教师所讲的理论、观点、结论要经得起学生各种'为什么'的追问，这样效果才能好。"[①] 对于需要培养抽象思维

[①] 习近平：《思政课是落实立德树人根本任务的关键课程》，北京：人民出版社2020年版，第18页。

能力的大学生来说，思想政治理论课教师不能仅仅关注和迎合他们的感性需求，重要的是发现和激发他们的理性需求，即科学地认识自我与世界的需求以及严谨深刻地推理事物的能力的需求。这些需求是以往教学方式想要满足但始终未能有效满足的需求，也是今天的一些感性教学方式有意忽视的需求。

面对纷繁复杂的社会生活和多元激荡的理论思潮，当代大学生实际上有很多困惑和不解，迫切需要马克思主义的指导和科学理论的解答，只不过大学生的这些"迫切需要"或者是以潜在的方式存在着，不容易被思政课教师发觉，或者是以感性诉求的形式体现出来，例如网络舆论上总会出现来自大学生群体的大量问题，这些问题本身也许存在着很多问题，但是它们都表达了大学生渴望更深刻地把握自我与社会的内在需求，这些问题"是一本打开了的关于人的本质力量的书，是感性地摆在我们面前的人的心理学"①。例如本书的所有问题就来自于大学生的有感而发和主动提出，仔细地研究这些大学生问题，并且从中理解大学生的关注焦点、思维方式和认知机制，这对于提升思想政治理论课教学的亲和力和针对性具有不可替代的意义。

所以，在笔者看来，在问题的实质上并不存在一些人习惯认为的当代大学生对马克思主义"大道理"不感兴趣、不再需要了，如果这种现象在一定程度上存在的话，那是传统教学方式的僵化和今天一些教学方式的肤浅化损害了马克思主义的形象和魅力，问题的关键是发现、激发并满足大学生的科学理论需求。本

---

① 〔德〕马克思：《1844年经济学哲学手稿》，北京：人民出版社2000年版，第88页。

书按照对马克思主义的科学理解解答学生问题，引导学生对那些看似很熟悉因此被不屑一顾的大道理进行全方位的理解，并帮助学生逐步学会运用马克思主义立场观点方法分析问题，从而发挥马克思主义支撑大学生精神成长的作用。

在解答大学生问题的过程中，我们逐渐形成这样的自觉意识：像马克思主义等大学生眼中的"大道理"，突出的特点便是内容的深刻和说理的透彻，从它诞生之日起就是以逻辑的、理论的力量而不是靠强权和压制深入人心的，因此思想政治理论课教师应当在说理中引导大学生，在理论分析中揭示"大道理"的内在逻辑和科学本性，促使当代大学生自觉认同马克思主义。为了让学生做到"四真"，即"真学、真懂、真信、真用"马克思主义，应当采取"以理服人"的方式进行教学实践，本书便是按照"以理服人"的解答原则回答学生的问题。具体而言，本书在坚持理论联系实际的原则下，注重道理的分析，展示理性的魅力，发挥出马克思主义以理服人的逻辑力量；不仅正面回答问题，而且揭示问题的结构和性质，让学生明白问题提出的根据，培养对问题的自觉意识；不仅提供对问题的具体答案，而且向学生指出问题及其回答的思路，启发学生的辩证思维，开阔学生的理论视野；不仅让学生"知其然"，而且帮助学生"知其所以然"，"知其所必然"，从而展现马克思主义的理论魅力，实质性地推进面向大学生的马克思主义理论教育。

四、本书的内容

在内容安排上，本书分为五章，分别是"马克思是我们的同时代人""熟知非真知"、"认识我自己"、"透过现象看本质"、"共产主义社会还有没有矛盾",专注于大学生如何正确地认识马克思主义、如何批判地认识常识、如何全面地认识自我、如何深刻地认识社会、如何合理地认识理想等与马克思主义理论教育密切相关的五个方面。

第一章:马克思是我们的同时代人。针对大学生对马克思主义终极真理论、过时论、二元论等种种观点的疑惑,着重破除对马克思主义的教条式理解、经验式理解、人本式理解等各种片面化的理解方式,同时通过马克思主义与西方传统哲学、西方经济学的比较分析,展现出马克思主义的观点主张及其理论性质、意义,促使大学生从理论层面掌握马克思主义的基本立场、基本观点和基本方法。

第二章:熟知非真知。针对大学生对习焉不察、日用不知的日常事物的初步反思,引导学生进一步探究日常事物的复杂内涵,揭示日常概念的理论内蕴,在对熟悉事物"陌生化"的过程中领略理论探究的魅力,培养大学生的理论兴趣,提高大学生认识问题、分析问题和解决问题的能力。

第三章:认识我自己。针对大学生对自我、命运、幸福、人性等当代社会热点问题的思索,着重分析这些问题的提出方式、提问结构,帮助学生形成对问题本身的批判意识,而不仅仅提供问题的具体答案。通过问题结构的批判性分析,促使学生提出真问题、消解伪问题,从而提升学生的思维方式、拓展学生的理论视野。

第四章:透过现象看本质。针对大学生关注的社会问题、思

以理服人：大学生关心的马克思主义问题

想理论问题，注重联系实际与理论阐述的结合，着力于从理论上回答是什么、为什么以及怎么办的问题，让学生体会到马克思主义作为世界观、历史观、价值观和方法论，是在分析和解决时代重大的现实问题的过程中实现自己的，这是马克思主义最重要的存在形式和实现方式。

第五章：共产主义社会还有没有矛盾。针对大学生对共产主义社会这一未来理想社会的多个疑惑，着重阐述马克思主义的科学社会主义理论，纠正学生对共产主义社会容易产生的空想式理解、幻想式理解、比附式理解等各种非现实的理解方式，澄清附加在马克思主义名下的错误观点，帮助学生更加科学地面对马克思主义远大理想。

在材料来源上，本书的所有问题均是笔者在大学课堂上主讲思想政治理论课《马克思主义基本原理》和校通识核心课《马克思哲学经典著作导读》的学生通过邮箱向笔者提出的问题。这些问题均由学生听课之后有感而发和主动提出，体现出学生思考问题的特定角度和学生特有的思维方式。从内容上看，这些问题的涉及领域很广，可以说上至天文、下至地理，虽然教学的主题是马克思主义理论教育，但是笔者对学生问题并不设限，只要课堂所讲激发了学生某一方面的背景知识或是触动了学生的"某一根神经"，学生就会在邮件中无所顾忌地提出来，学生问题并不是按照规范性文件的偏好、教材所提问题的口吻和思政课教师的喜好提出来的，学生问题保持着最大限度的原生态风貌和自由展现度，反映出学生真实的所思所想，这是笔者希望看到的学生问题的样子。因为只有面对学生的真实问题，才能生成出真实的思政课教学，在真实教学的基础上，才能去进一步研究如何增强思政课的思想性、理论性和亲和力、针对性，这是笔者坚持鼓励学生提出自己真实想法和真实问题、坚持不懈营造适度宽松和自由探索的课堂氛围的缘由所在。不过，由于原生态的学生问题往往带有很多教学感受之类的感性话语，还存在很多表达不通顺、句式不规范乃至错别字等问题，所以在将学生问题收入本书时，笔者在确保学生问题原意完整的基础上，从学生问题的原有表述中抓取问题的核心部分，适当调整问题的表述方式和表述话语，并且将错别字修改正确，使得学生问题逻辑自洽、表达通畅、表述规范，这是将学生问题呈现给读者的必要工作。在解答问题时，笔者在查阅马克思主义经典著作的基础上，力图从理论上进行问题解答。解答时分为几个层次：一是直接回答问题，对于那些能够做出明确回答的问题，笔者尽可能正面解答，并做出深入的阐述；二是分析问题结构，对于那些伪问题、假问题或者无法直接给出明确答案的问题，笔者重点是揭示问题背后的预设，达到对问题本身的批判性理解；三是对问题进行比较分析，对于那些需要做出理论比较才能显示出意义的问题，笔者的解答尽量全面地为学生提供认识问题的参照系，引导学生在多元文化语境中做出辩证选择。笔者根据学生问题的性质和蕴含空间的大小，对于学生问题的解答或长或短，或详或略，核心原则是按照问题本身的逻辑展开问题的探究过程。

　　解答、研究大学生的问题，对于推进面向大学生的马克思主义理论教育是十分有意义的，对于引导大学生的精神成长、促进大学生更好地成长成才是非常有帮助的，这也是笔者进行这种尝试的动力所在。无论大学生的问题如何，还是作者的观点如何，问题以及问题的解答过程都为广大的一线教师乃至马克思主义理论成果传播者提供了一个可供参考的资料。作为在短短几年时间中取得的初步教学成果，不当和失误之处肯定不少，敬请专家同仁批评指正。

第一章

马克思是我们的同时代人

马克思主义是终极理论吗？

我有一个埋藏在心底很久的问题：马克思主义会是一个终极理论吗？就是说，马克思主义会不会已经是终极理论的雏形，剩下的就是做些修补工作了呢？在赵敦华老师撰写的《西方哲学简史》中有一段话："没有一个西方哲学家的结论能够经受历史的检验，没有一种直到现在还被普遍认可的哲学真理。"那么，马克思主义会是历史长河中的一道亮丽风景，还是永恒的终点呢？

可以肯定地回答：马克思主义绝不是终极理论，而且马克思主义恰恰是在与自我标榜为终极理论的黑格尔哲学、空想社会主义等一系列理论的斗争中形成的，马克思主义提供给人们的最重要的东西便是提出问题和解决问题的方法，比如唯物辩证法、从抽象上升到具体的方法、阶级分析方法、历史分析方法等。方法不是必须背得滚瓜烂熟的教条，也不是可以直接套用在任何具体问题之上的现成公式，方法从来不会对任何问题给出直接明确的答案,方法仅仅是提示人们要从哪些方面、从哪些层次、从哪些角度来面对问题和思考问题。例如,按照辩证法的批判性、全面性、历史性认识事物的要求,当人们在研究资本主义这一事物时,既要认识到它的"肯定"方面,也要认识到它的"否定"方面,把它当做一个具备一定条件便会产生、同时具备一定条件又会逐渐消亡的历史性社会形态来看待,这是辩证法在如何对待资本主义问题上给予人们的启示,但是资本主义到底有哪些"肯定"方面和"否定"方面,各自又处在什么样的具体条件下,辩证法并没有给出具体答案,这一切有待于人们去具体地研究。也正是坚决地拒绝了对具体问题给出直接答案这种要求,所以方法才具有普遍性的品质,才能适用于各种具体的、非常不同的环境和问题,这也是马克思主义中国化的内在根据。

恩格斯对于马克思哲学继承的黑格尔哲学成果(黑格尔对于自己的成果并没有自觉意识到)曾作如下评述:黑格尔哲学的"真实意义和革命性质,正是在于它彻底否定了关于人的思维和行动的一切结果具有最终性质的看法。哲学所应当认识的真理,在黑格尔看来,不再是一堆现成的、一经发现就只要死记熟读的教条了;现在,真理是在认识过程本身中,在科学的长期的历史发展中,而科学从认识的较低阶段向越来越高的阶段上升,但是永远不能通过所谓绝对真理的发现而达到这样一点,在这一点上它再也不能前进一步,除了袖手一旁惊愕地望着这个已经获得的绝对真理,就再也无事可做了。在哲学认识的领域是如此,在任何其他的认识领域以及在实践行动的领域也是如此"①。任何真理都具有相对性、条件性，这是因为人们对于事物的客观过程及其发展规律的正确认识总是带有近似的性质。首先，任何真理总是产生于一定的历史环境和时代条件，必然受到人类实践水平、认识能力的限制。就像人无法拔着自己的头发离开地球一样，真理也离不开它所产生的那个历史条件。其次，任何真理都是对于事物的某些层次、某些领域的正确认识，而不能做到一次性地认识事物的所有层次和领域。例如像你提到的马克思主义，它研究人类历史及其发展规律，但是马克思恩格斯既不可能将人类历史及其发展规律的所有内容发现出来，也不可能去研究人类历史上出现过的每一个社会及其发展规律。"人类始终只提出自己能够解决的任务，因为只要仔细考察就可以发现，任务本身，只有在解决它的物质条件已经存在或者至少是在生成过程中的时候，才会产生。"② 正像其他的思想家一样，马克思恩格斯只能研究在一定的历史条件下才能产生的问题，而不可能去解决任何一个历史时代才能提出的问题，这说明任何真理对于事物的正确认识总是有限的。再次，真理的相对性又和人们的认识能力密切相关。真理成其为真理的一个基本条件是它是人们认识活动的产物，人的认识能力总是有限的，没有哪一个人是全知全能的，由此也决定着真理的相对性。你所引用的《西方哲学简史》的这句话："没有一个西方哲学家的结论能够经受历史的检验，没有一种直到现在还被普遍认可的哲学真理"③，也正

---

① 《马克思恩格斯文集》第4卷，北京：人民出版社2009年版，第269—270页。
② 《马克思恩格斯文集》第2卷，北京：人民出版社2009年版，第592页。
③ 赵敦华：《西方哲学简史》，北京：北京大学出版社2001年版，"前言"第3页。

是说明了理论的相对性。

　　事实上，如果从"终极"的角度来理解马克思主义的话，就会把马克思主义理解成僵硬的、不变的理论，这种理解方式恰恰违背了马克思主义的方法和精神。在这里，我提一个非常突出的例子。在中华人民共和国成立之后的一段时期，很多人在"阶级斗争为纲"的社会氛围中鼓吹马克思主义的绝对正确性，尤其是鼓吹毛泽东思想的绝对正确性，这种对待毛泽东思想的极端化方式，在改革开放之后，又迅速地表现为自己原来观点的直接对立面：彻底放弃毛泽东思想。从历史的角度重新回顾这场论证，我们会发现：毛泽东思想的"放弃论"正是以"终极论"为前提和前奏的，这两种截然对立的观点实质上共享着共同的理论前提和思维方式，即真理绝对性和相对性的分离隔绝。然而，包括毛泽东思想在内的马克思主义却是以消除这样的理论前提和思维方式为出发点的，马克思主义既反对真理的绝对主义，也反对真理的相对主义，而是主张从绝对性和相对性统一的角度去理解任何一种理论，包括马克思主义自身。

　　所以，马克思主义不是人类历史长河的永恒终点，但也不仅仅是历史长河的一道亮丽风景，就根本使命而言，马克思主义是指南针，是方法论，是方向盘，沿着马克思主义所开辟的道路，我们才能认清人类历史的发展趋势及其规律，从而指导人们的实践活动。

马克思主义是关于物质生活的理论吗?

老师,您知道吗?就算马克思主义理论实现了,我们人类也只是个机器罢了。"社会生产力高度发展,物质财富极大丰富,分配实行各尽所能、按需分配的原则,全体社会成员具有高度的共产主义觉悟和道德品质。"难道您不觉得人类这时就像一台高度运作、自产自足的机器吗?我们的更高目标又是什么?其实就是灵魂的需求呀!那灵魂是什么?"人的生活,可以分作三层:一是物质生活,二是精神生活,三是灵魂生活。物质生活就是衣食。精神生活就是学术文艺。灵魂生活就是宗教。"那么我想,马克思主义哲学就是集中于物质生活这一阶段的哲理吧!比如说实践、实事求是、唯物、辩证地看待问题、生产力……那都还只是停留在人类满足物质需求的这一个层次!老师,我说得对吗?

同学,你也许信仰宗教或者对宗教抱有同情,否则你不会认同"灵魂生活就是宗教"的说法。你引用的这句话是丰子恺的话,他最后皈依佛门,他是站在宗教立场上来言说人的生活,而且如果你从宗教角度来理解马克思主义理论的话,往往会认为马克思主义都是关于所谓物质生活的一些理论,缺乏宗教中普遍存在并且强调的灵魂生活和终极关怀等。不过,如果你能够适当地跳出宗教的立场,站到日常生活的立场、进而进入到马克思主义理论的内部,你就会发现很多在宗教立场上看不到的东西。

首先,灵魂生活的形态有很多种,宗教只是其中的一种而已,其他的还包括生活感悟、意义反思、艺术升华、高峰体验等。就丰子恺所说的精神生活和灵魂生活,其实这两者在很多时候是重合的,比如人们在阅读小说时心灵受到的诘问和颤栗,难道不是直指人的灵魂吗?人们在欣赏一部灾难电影后展开的对生活意义的反思,难道不是一种灵魂生活吗?你听了一堂非常精彩的讲座后,你对你自己持有的、从未反思过的信条开始怀疑了,这些难道不是灵魂生活吗?当然,宗教往往和人的灵魂有密切关系,但这不等于人类的其他意识形式就无法触及人的灵魂,像诗歌、小说、散文以及哲学等往往都和灵魂发生着关联,而且在很多时候,这些意识形式如果不直接或间接地关联于人的灵魂的话,那么它们能否获得人们的认同就成问题了。马克思曾经对人的精神自由做过这样一个精彩比喻:"你们赞美大自然令人赏心悦目的千姿百态和无穷无尽的丰富宝藏,你们并不要求玫瑰花散发出和紫罗兰一样的芳香,但你们为什么却要求世界上最丰富的东西——精神只能有一种存在形式呢?"[1] 马克思并不是针对宗

---

[1] 《马克思恩格斯全集》第1卷,北京:人民出版社1995年版,第111页。

教发出的上述疑问，但是这段话所阐发的道理仍然适用于宗教与灵魂的关系，即灵魂虽然是宗教的重要主题，但灵魂的展开形式是多种多样的，并不限于宗教这一种形式。

其次，马克思主义理论并非是集中于物质生活的理论，不过这里要有一个透过现象看本质、通过问题看主题的方法。从表面来看，马克思论述较多的是以资本为基础的生产方式，包括物质生活、经济基础、资本逻辑、剩余价值等，这容易使人误解马克思仅仅关注人的物质生活，其实不然。第一，马克思并不是就物质生活谈物质生活，在马克思浩繁论述的背后始终有一个崇高理想和根本主题，这就是人的解放、人的自由全面发展，而在马克思看来，人的发展不仅包括物质匮乏问题的解决，而且包括人的精神境界的极大提高、人的精神自由的充分实现。如果没有这种崇高理想作为指引和支撑的话，那么人的物质生活再发达也终究是没有意义的。需要注意的是，马克思与很多经常把"终极""关怀""精神"挂在口头上的理论家不同的是，人的自由全面发展的理想不是空想，而是建立在对人类社会历史发展规律，特别是对资本主义社会运动规律科学分析的基础之上，这种理想反映了历史发展的必然趋势，因此它才不是乌托邦。正是因为马克思深切地意识到缺乏物质生活的精神生活是空的，所以马克思才花费大量精力来研究社会生活的物质层面，这正体现了马克思的科学精神。与此同时，缺乏精神生活的物质生活是盲目的，马克思也始终将对人的发展的深刻关怀蕴藏在他的众多论述背后。第二，即使我们看一下马克思的文字表述的话，涉及人的精神、人的发展的论述也是很多的。在马克思的中学毕业作文中有这样一

以理服人：大学生关心的马克思主义问题

段话："如果我们选择了最能为人类而工作的职业，那么，重担就不能把我们压倒，因为这是为大家作出的牺牲；那时我们所享受的就不是可怜的、有限的、自私的乐趣，我们的幸福将属于千百万人，我们的事业将悄然无声地存在下去，但是它会永远发挥作用，而面对我们的骨灰，高尚的人们将洒下热泪。"① 看到这样的语言，我想每一个不以自我利益为中心的人都会为之动容的。在《哥达纲领批判》中还有这样一段论述："在共产主义社会高级阶段，在迫使个人奴隶般地服从分工的情形已经消失，从而脑力劳动和体力劳动的对立也随之消失之后；在劳动已经不仅仅是谋生的手段，而且本身成了生活的第一需要之后；在随着个人的全面发展，他们的生产力也增长起来，而集体财富的一切源泉都充分涌流之后，——只有在那个时候，才能完全超出资产阶级权利的狭隘眼界，社会才能在自己的旗帜上写上：各尽所能，按需分配！"② 马克思明确提到了"奴隶般地服从分工的情形已经消失"，"劳动本身成了生活的第一需要"，"个人的全面发展"等，这些都是单纯的物质生活远远涵盖不了的。如果你能更多地读一下马克思的原著，你会有更多的发现。顺便说一下，不要把我们在课堂上讲授的教材当做是马克思主义理论的全部，教材是一个纲要性的东西，我更希望同学们能够把教材当做学习马克思主义理论的开始，要想比较全面地了解马克思主义，那么最好的办法就是读原著。

---

① 《马克思恩格斯全集》第 1 卷，北京：人民出版社 1995 年版，第 459—460 页。
② 《马克思恩格斯文集》第 3 卷，北京：人民出版社 2009 年版，第 435—436 页。

马克思主义理论有没有一个体系?

老师,我在阅读马克思著作的时候,比如《1844年经济学哲学手稿》,感觉马克思什么东西都在说,一会说工资,一会说劳动,过一会又说共产主义,还说了很多其他东西。读下来感觉马克思没有一个体系,不像其他哲学家那样条理分明、逻辑清晰。不过我就读了这一本书,是不是马克思其他的书也是这样?如果真是这样的话,那么马克思主义理论还是一个体系吗?希望老师能解释一下。

你所说的涉及两个不同的问题,一个是《1844年经济学哲学手稿》的文本特点,另一个是马克思主义理论有没有一个体系。应该说后一个问题是十分重要的,这个问题我会重点阐述。现在我先说第一个问题。确实像你所说,《1844年经济学哲学手稿》谈到了很多方面的内容,这个著作整体来看给人一种比较杂乱、逻辑跳跃的感觉。不过不要忘记,这个著作只不过是一部手稿而已，马克思当时写作时根本就没有打算拿出去发表，所以它的很多东西都是未完成状态的，很多东西都是马克思想到哪里就写到哪里。其实，想一想我们自己写文章的情况就明白了。很多同学在写作文前习惯于先写一个草稿，然后在草稿的基础上再写一篇正式的文章。草稿往往都是比较随意的、逻辑不清的，甚至书写潦草的，只要自己能看明白就可以了。同样的道理，《1844年经济学哲学手稿》就是马克思想写的正式著作（这一正式著作最终没有完成）的草稿，因此这一著作比较杂乱、逻辑跳跃就是难免的了。而且，这一著作在马克思生前始终没有发表，在马克思去世很久后都没有人知道，当经历了近一个世纪之后，即在1932年全文发表时，它的很多篇章已经丢失，这就无形中加重了本来可能在逻辑上就不清晰的文本特点。所以我们今天去读这本著作，就会有你的这种感觉。不过，如果不是看这本著作的整体，而是关注这本著作的内容的话，它还是有自己的比较清晰的论述重点和论述逻辑的。比如，这本著作的核心内容是异化劳动理论以及共产主义理论，在异化劳动理论部分，马克思实际上非常清晰地、逻辑严密地阐述了异化劳动的四个方面。因此，看待这本著作，要重点去看它的内容，而不是它的结构。《1844年经济学哲学手稿》之后，马克思的多数著作都会有一个比较严密的结构，比如《共产党宣言》《资本论》等。对于自己的著作，马克思甚至还这样说过："不论我的著作有什么缺点，它们却有一个长处，即它们是一个艺术的整体。"[①] 你以后再读一下马克思

---

① 《马克思恩格斯文集》第10卷，北京：人民出版社2009年版，第231页。

其他著作，就会发现这一点的。

你提出的第二个问题是：马克思主义理论有没有一个体系？应当说，马克思的各个著作有没有体系和马克思主义理论有没有体系，这是两个不同层面的问题，不能混为一谈。马克思的多数著作是有体系和完整结构的，否认这一点的人不多，但是有很多人认为马克思主义理论缺乏一个体系，所以需要构建一个马克思主义理论的体系。我是不赞成这一观点的，我认为不仅马克思的多数著作有体系，而且马克思主义理论本身也有自己的体系。问题的关键在于如何理解这里的"体系"，我想就这一点谈一下我的看法。

今天人们谈到的多数体系，其主要标志是可形式化，即在原则上各种理论要素和环节可以按照一定的逻辑联系构成一个显性的理论整体，因此它是一种显性体系。但是除此之外，还有另一种意义的体系，即在原则上各种理论要素和环节无法按照逻辑联系构成一个显性的理论整体，而只能以"内在联系"的方式构成一种隐性整体，即隐性体系。传统西方哲学是一种显性体系，它的典型代表是黑格尔哲学，而马克思主义理论是一种隐性体系，不能因为隐性体系无法取得显性体系的结构和外观，就否认隐性体系的体系身份。马克思主义理论以隐性体系的方式取得体系形式，这里的"体系"应当理解为由"内在联系"的各种因素构成的理论整体。这一整体不是几个名词、几个套语连接在一起，而是从实践场域中总结出来被运用于实践场域的基本立场、观点和方法。与是否取得体系形式这一问题相比，基本立场、观点和方法对于马克思主义理论发挥"改变世界"的作用要重要得多,也更应当受到后人的重视。因此,关于马克思主义理论体系问题的目光应当转移到马克思主义理论的基本立场、观点和方法上来,从基本立场、观点和方法的"内在联系"来理解马克思主义理论的体系。实际上,这正是马克思主义理论体系的本来意义。因此,我尝试在"内在联系"的意义上提出对马克思主义理论体系的几个见解。

首先,基本立场、观点和方法的"内在联系"之主题是无产阶级和人类解放。理解和把握"内在联系",首要前提是紧紧抓住"马克思主义理论究竟要解决什么问题"这一核心,即马克思主义理论的主题。这一主题既根本地规定着马克思主义理论体系各种因素的相互关系,又潜在地决定着马克思主义理论体系的核心特征和理论品质。关于马克思主义理论体系的主题,有代表性的观点主要有以下六种观点:(一)马克思主义理论是一个科学世界观体系;(二)马克思主义理论是关于人的自由而全面发展的学说;(三)马克思主义理论是人的解放学;(四)马克思主义理论是关于人类社会发展规律的学说;(五)马克思主义理论是关于资本主义的科学;(六)马克思主义理论是关于无产阶级革命的学说。① 我不打算对这些观点做出具体评析,而是结合这些观点着重指出如何理解马克思主义理论体系的主题。实际上,马克思主义理论不仅是以科学世界观为指导的体系,而且是包括世界观、认识论、价值论等在内的体系;马克思主义理论不仅是关于人的发展这一目标的学说,而且是关于由人的发展如何

---

① 梁树发:《马克思主义整体性与马克思主义定义问题》,载《党政干部学刊》2005年第3期。

实现所决定的人类历史活动及其规律这一现实途径的学说；马克思主义理论不仅是一般意义上的人的解放学，而且是特殊意义上的无产阶级解放从而求得全人类解放的学说；马克思主义理论不仅是关于社会发展规律的学说，而且是建立在对社会发展规律的自觉性基础之上的关于无产阶级和人的发展规律的学说；马克思主义理论不仅是关于资本主义的科学，而且是通过资本主义研究从而认识人类社会的科学；马克思主义理论不仅是狭义上的关于无产阶级夺取政权的学说，而且是广义上的关于无产阶级全部实践活动的学说。由此不难发现，从不同的角度都可以对马克思主义理论体系的主题进行界定，而问题的关键在于如何才能找到一个符合马克思主义理论体系之本义的根本角度，以之为起点对马克思主义理论体系进行合理的概括和恰当的定位。

我认为，最合适、最能说服人的角度是马克思自己以及恩格斯关于马克思主义理论体系之主题的阐述。在卷帙浩繁的经典著述当中，有两句话应当引起特别的重视。第一句话是马克思写下的《关于费尔巴哈的提纲》第十一条："哲学家们只是用不同的方式解释世界，问题在于改变世界。"[①] 马克思在这句话中以简洁的文字表达了自己理论的根本使命和主题任务："改变世界"。"改变世界"的提出不仅仅意味着马克思关于世界的某种观点发生了变化，而是意味着马克思在从事各种理论活动时，其问题提法、思维方式、致思取向和价值理想均发生了根本性的转变。第二句话是恩格斯《在马克思墓前的讲话》一文中对马克思一生

---

① 《马克思恩格斯文集》第1卷，北京：人民出版社2009年版，第502页。

的总结:"他毕生的真正使命,就是以这种或那种方式参加推翻资本主义社会及其所建立的国家设施的事业,参加现代无产阶级的解放事业。"① 如果说马克思通过"改变世界"一语说出了自己理论主题的方向和原则的话,那么他的亲密战友恩格斯则在悼词中具体地揭示了他们共同创立的理论的主题。马克思主义理论涵盖了人类社会的政治、经济、文化、历史以及人类社会与自然界的关系等诸多领域,但能够统摄马克思的理论活动、能够统一马克思主义理论各个组成部分的东西只有一个,即无产阶级和全人类的解放事业,这就是马克思主义理论一以贯之的主题。在这一主题的统摄之下,马克思认为"这个解放的头脑是哲学",无产阶级"把哲学当做自己的精神武器",② 由此产生了作为"解放头脑"和"精神武器"的马克思主义理论。不难看出,无产阶级和人类解放的主题是贯穿于马克思主义理论体系的主线索,是统摄马克思所有理论活动和实践活动的灵魂。因此只有从这一主题出发,才能从根本上理解马克思主义理论,从整体上把握马克思主义理论的体系。

其次,基本立场、观点和方法的"内在联系"之根据是实践生活的整体性。马克思主义理论的基本立场、观点和方法之所以能够通过"内在联系"成为体系,绝不是马克思主义理论自身的力量使然,归根结底它来自马克思主义理论所面向的实践生活,更直接地说,是来自于马克思主义理论"改变世界"这一要求所产生的整体性,因此应当将理解马克思主义理论体系的出

---

① 《马克思恩格斯文集》第3卷,北京:人民出版社2009年版,第602页。
② 《马克思恩格斯文集》第1卷,北京:人民出版社2009年版,第17—18页。

发点和归宿放在由"改变世界"所要求的整体性这一基点上。近年来关于马克思主义理论整体性的研究日益增多,这一现象的直接原因固然是要改变以往马克思主义理论研究的割裂化、离散化及其带来的问题,然而根本原则是中国特色社会主义实践本身的整体性、系统性要求作为"改变世界"之精神武器和行动指南的马克思主义理论必须走向整体性,从而也就带来了马克思主义理论研究的整体性要求。其实,马克思主义理论研究的整体性要求同样是马克思主义理论能够成为体系的根据。马克思指出:"哲学家们只是用不同的方式解释世界,问题在于改变世界。"① 这里的"解释世界"并不是一般意义上的认识世界,而是特指以"解释世界"为出发点和归宿的认识世界的方式。如果我们理解马克思主义理论体系仍然是追求"为体系而体系",追求理论上的自足和完备,那么这样的体系就与马克思主义理论的真实精神和历史使命背道而驰,这就要求我们必须克服"为体系而体系"的理解方式,注重从社会生活实践的整体性、系统性的角度去把握马克思主义理论体系。我们发现,有的学者理解的马克思主义理论体系仍然停留于"为体系而体系"的抽象思辨阶段,突出表现便是不是按照马克思主义理论"改变世界"的要求去总结和提升马克思主义理论,而是将各种社会实践乃至世界万物纳入自己所构造的体系中去,试图构造出自足和完备的体系,然后拿来概括和解释世界的一切。这样的做法必然违背了马克思主义理论"问题在于改变世界"的要义,走到了马克思主

---

① 《马克思恩格斯文集》第1卷,北京:人民出版社2009年版,第502页。

义理论所反对的"解释世界"的方式上去了。

最后，基本立场、观点和方法的"内在联系"之限度是"为科学而体系"。我们可以通过"人为体系"和"科学体系"的比较来进一步把握这一限度。所谓"人为体系"，是指一种理论学说为了构造体系而采取的结构方式和叙述方式；所谓"科学体系"，是指一种理论学说基于改造世界的内在要求而自然实现的结构方式和叙述方式。这两种体系的出发点、根据和归宿截然不同，前者的核心特征是"为体系而体系"，这必然决定了它的僵化性质、表面属性，后者的核心特征是"为科学而体系"，这必然决定了它的科学性质、真实属性。人为体系的"人为性"体现在某一理论实现"体系"的需要总是胜过实现"科学"的需要，因此它总是追求"体系"的自足和完备，并把这一点作为"科学"的主要体现甚或全部体现；科学体系的"科学性"体现在某一理论按照"科学"的需要来安排自己的结构方式和叙述方式，体系只能从属于和服务于"科学性"，因此它从不追求"体系"的自足和完备，而是把"是否科学"作为自己的核心关怀和价值追求。由此也就导致了这样一种看似矛盾的现象：不关心实践生活的人为体系总是能够保持体系的外表，甚至借此获得了"科学"的名声，而由于实践生活本身的变化性、复杂性，以反映和改造实践生活为己任的科学体系往往难以保证自身外表的逻辑严谨性、叙述一贯性，由此反而不容易获得"科学"的声誉。然而，问题的本质仍然是清晰和明确的，判断一种理论是否科学或具有科学性的主要标准，不是它的外表如何，而是它得以形成的出发点、根据和归宿如何，它是否真实地反映了现实世界并介入到改造世界的过程中,这才是衡量理论的"科学性"的唯一尺度。在我们看来,如果说人为体系的典型代表是黑格尔哲学,那么科学体系的典型代表便是马克思主义理论。马克思主义理论不是一种与体系毫无关系的理论,而是一种与体系有着内在关系的理论。马克思主义理论的"体系性"不是人为体系,而是马克思出于"改变世界"的根本要求去解释世界,从而在这一过程中他的理论自然而然实现出来的结构方式和叙述方式,也许它并不符合人为体系的形式特征,然而并不因此就失去了科学体系的品质。

以上就是我关于马克思主义理论与体系之间关系的理解。当然,上述所说内容比较多,而且也只是我的一家之言。我不强求你同意我的观点,但是希望我的观点能够启发你的思路、开阔你的视野,如果能达到这些目的,我作为老师就比较知足了。

怎样看待马克思主义和其他理论的关系？

关于社会问题，马克思、韦伯以及后来的社会学家都提出了自己的观点，然而究竟哪个才是主流呢？我们是否应该本着中庸的态度，各取所长，综合起来形成所谓的"标准社会学学说"呢？由于我对社会发展的学说和趋势认识不够深刻，您能不能谈一下对这个问题的认识？

关于马克思主义与其他理论的关系，我想合理的方法应当是坚持马克思主义的指导地位，广泛地借鉴其他理论学说，使得马克思主义和其他理论学说在相互结合中共同发挥理论的作用。在这个过程，一是不要把马克思主义和其他社会学理论绝对地对立起来。通过你的问题，可以看出你读了一些社会学方面的论著。实际上，学术界普遍认为马克思、韦伯和涂尔干是社会学的三大奠基人，同时你也会发现，这些社会学理论的观点各不相同，面对同一问题给出的分析和回答非常不一样,甚至截然相反。例如韦伯尤其强调人的精神气质对于资本主义社会的推动作用,而马克思更多地强调物质生产活动对于社会的推动作用。不同的观点恰恰反映了理论的多元性特征,这是再正常不过的事情了。就像一千个读者就有一千个哈姆雷特一样,如果深入到每一种理论的内部仔细探寻一番,你会发现没有两个持有完全相同观点的理论,理论之间的不同乃至对立是普遍情况。我们在面对这些不同理论时,不能因为它的观点和马克思主义不一样,就一概地加以反对,其实很多理论在这一方面和马克思主义不一样,完全可能在另一些方面和马克思主义相似或是异曲同工。面对形形色色的理论,我们更多的注意力应当放在它们分析问题的角度、层次和侧重点上面,这样马克思主义和其他理论才能在相互对话中得到发展。

二是不要把马克思主义和其他社会学理论绝对地等同起来。我这样说并不是故意抬高马克思主义的地位,而是想申明这样一个观点:马克思主义是西方学术理论(不仅仅是社会学理论)土壤上发展起来的"青出于蓝而胜于蓝"的一种革命性理论,它的根本使命是追求无产阶级和整个人类的彻底解放,它的研究内容是现实的人及其历史发展的规律,它的政治立场是体现以劳动人民为代表的广大人民群众的根本利益,它的理论品质是改造世界和解释世界的有机统一,这就和其他的西方学术理论区别开来,后者或者只是追求资产阶级的解放,或者只是代表资产阶级或精英群体的利益,或者没有以改造世界为己任,而马克思主义实现了科学性、实践性、人民性和开放性的统一。海德格尔这样

以理服人：大学生关心的马克思主义问题

评价马克思主义："马克思在体会到异化的时候深入历史的本质性的一度中去了，所以马克思主义关于历史的观点比其余的历史学优越。但因为胡塞尔没有，据我看来萨特也没有在存在中认识到历史事物的本质性，所以现象学没有、存在主义也没有达到这样的一度中，在此一度中才有可能有资格和马克思主义交谈。"[①]这里的"历史的本质性的一度"正是指对人类历史规律的深刻考察——没有这样的科学性，就无法实现彻底的实践性和真正的人民性。立足于这样的高度，我们得出一个观点：马克思主义是和其他学术理论有着本质区别的一种理论体系。

三是我们学习马克思主义，学习的是作为活的灵魂的马克思主义，而不是作为死的教条的马克思主义。比如，马克思主义为我们研究当代社会现实问题提供了许多重要的方法，像辩证法、历史分析法等，马克思主义也为我们理解当代社会本质提供了许多有意义的理论视角，像资本批判、意识形态批判等，这些方法、视角正是我们要重点学习和掌握的。马克思的一些观点虽然过时了，但是他得出这些观点的方法、角度、立场还没有过时，仍然有着极强的现实针对性。例如，在国际金融危机面前，如果不从马克思所提示的资本批判的高度来理解，就很难透彻认识金融危机的发生根源和作用机制；在喧嚣的普世价值论面前，如果不借鉴马克思意识形态批判的角度，就很容易陷入纯粹的概念之争。而当你真正掌握了马克思主义的精髓和实质的时候，你就能够在分析具体问题的时候抓住本质、游刃有余。所以，问题的关

---

① 孙周兴选编：《海德格尔选集》上卷，熊伟译，上海：上海三联书店1996年版，第383页。

键不在于"本着中庸态度各取所长",去构建一个所谓的"标准社会学学说",而是领会马克思主义的精神实质,以马克思主义作为指导,结合其他的学术理论去认识当今时代的各种现实问题。

马克思有没有自己的哲学?

在您的课上,我读完您指定的几本书以后,像《1844年经济学哲学手稿》《德意志意识形态》《共产党宣言》《资本论》,感觉这些书都和我以前认识的哲学不一样。我读了柏拉图、亚里士多德的书,还有黑格尔的一些书,这些书都有自己的体系,但是马克思的书好像都是谈具体的问题。您在课堂上也解释过马克思哲学,不过还是想请老师您能再详细地解释一下。

同学,你问的这个问题十分重要。因为我给同学们开的这门课叫做"马克思哲学经典著作导读",如果马克思有没有自己的哲学这个问题都没有解决的话,那么我这门课的存在都是问题了。你的问题倒是提醒我以后要重点谈一下这个问题。在这里,我根据自己的理解,对马克思哲学的独特存在方式谈一下我的看法。

你感觉马克思好像没有自己的哲学,说句实话,你的这种感觉其实在哲学史上早就存在了。像文德尔班、梯利、罗素、费舍等许多西方哲学史家，当他们编写哲学史教材时，干脆不承认马克思哲学，或者对马克思哲学只是蜻蜓点水般地一带而过，或者对马克思的所谓哲学做出比较低的评价。可以说，这种观点直到今天在西方学术界都大有市场。那么，这种观点有没有合理性呢？在我看来，判断一种学说是不是哲学，关键是看哲学的标准是什么，对待同一种学说，不同的哲学标准会做出截然不同的判断。例如，秉持传统西方哲学的通常标准看待中国传统的学说，就会容易认为老子、孔子等这些人的学说算不上哲学。同样，当西方哲学史家认为马克思没有哲学的时候，实际上是按照他们自己的哲学标准做出的判断。所以问题的关键倒不是马克思有没有哲学，而是他们做出马克思没有哲学这一判断所持的标准是什么。在我看来，他们的哲学标准具体表现在以下三个方面。

首先，按照传统西方哲学的通常标准，马克思的几乎所有著作都很难归入哲学一类。自从柏拉图以来，绝大多数西方哲学家都认为现实世界中千变万化的事物背后有一个终极的本质，哲学的目的便是寻找现象世界背后的永恒不变的本质，即多中之一、变中之不变、经验背后的超验，只要哲学找到了"最高原因的基本原理"，依据这种基本原理就可以使现实世界的各种事物得到统一性和终极性的解释，由此形成了历史悠久的形而上学或本体论传统。不难发现，传统西方哲学塑造的哲学标准是这样的：从根本上否定现实世界（现象世界）的真实性，从而以追求永恒实在为目标、以实现万物解释为使命。这样一种哲学标准能够代表传统西方哲学的基本范式，从而成为传统西方哲学的深层理念。在这样一种标准之下,马克思的几乎所有著作都被标上了"非哲学"的标签,因为马克思从来不曾关注抽象的永恒实在,也不关心现实世界的背后是不是有一个终极本质或超验世界,而且马克思恰恰反对以思辨的方式从事哲学:"在思辨终止的地方,在现实生活面前,正是描述人们实践活动和实际发展过程的真正的实证科学开始的地方。关于意识的空话将终止,它们一定会被真正的知识所代替。对现实的描述会使独立的哲学失去生存环境,能够取而代之的充其量不过是从对人类历史发展的观察中抽象出来的最一般的结果的概括。这些抽象本身离开了现实的历史就没有任何价值。"① 按照对"思辨哲学""独立哲学"的批判性理解,马克思坚决地与传统西方哲学的哲学标准划清了界限。就这些划清界限做法的直接后果而言,便是绝大多数西方哲学史家都不约而同地将终其一生都在关注"实证科学"和"现实描述"的马克思划在了哲学家队伍之外。就此而言,认为马克思没有哲学的观点实在是言之有据、持之有故。

其次,即使按照哲学与非哲学的通常界限,马克思的绝大多数著作也很难归入哲学著作,至多也只是体现出一定哲学思想或带有一定哲学色彩的历史著作、经济学著作或其他著作。当我们关注马克思著作的内容时,会发现马克思著作更多的是历史阐述、经济内容、政治内容等。《1844年经济学哲学手稿》的主题是异化劳动和共产主义,虽然标题中有"哲学",但是这种哲学是通过经济学问题而得以阐述的,而这种阐述方式恰恰与"思辨

---

① 《马克思恩格斯文集》第1卷,北京:人民出版社2009年版,第526页。

哲学""独立哲学"的阐述方式泾渭分明;《关于费尔巴哈的提纲》是具有较为突出的哲学色彩的文本,然而它篇幅过于短小,简短的文字尚无法承载哲学著作的分量;《德意志意识形态》的主题是批判19世纪中期的现代德国哲学和"真正的社会主义",而仅仅是对他人的"批判",似乎很难称得上是哲学的创作,尽管这部大部头著作阐发了唯物史观的基本思想,然而问题在于唯物史观作为很多人理解的历史观,仅仅涉及人类社会及其历史,具有过强的实证性质和过多的现实描述,达不到哲学应当具有的抽象性、普遍性高度。《共产党宣言》就其本来性质而言,只是政治组织的纲领,尽管有哲学思想的体现,但要说它是一本哲学著作,难免又过于牵强。马克思著作当中最典型的当属《资本论》及其庞大的手稿群,不过马克思自己强调过:"本书的最终目的就是揭示现代社会的经济运动规律。"① 这一表述无疑是促使学者们做出《资本论》是经济学著作而非哲学著作的判断的最有力证据。实际上,即使没有马克思的这番表述,看一下《资本论》及其手稿的主体内容,都会轻而易举地发现这些著作的经济学性质,而不是哲学性质。根据上述理由,若说马克思的一些著作具有一定的哲学思想还可以,然而却不能说马克思的绝大多数著作(尤其是代表性著作)是哲学著作,而缺乏哲学著作的思想家是难以被称为哲学家的。

再次,马克思著作中曾经出现过的"消灭哲学""取消哲学"等言论以及反复出现的对哲学的嘲讽和否定,给后人认为马

---

① 《马克思恩格斯文集》第5卷,北京:人民出版社2009年版,第9页。

克思反对哲学、马克思没有哲学留下了直接证据。在1843年之后,马克思给予哲学的评价基本都是负面的。例如,在《〈黑格尔法哲学批判〉导言》中,马克思提出了"消灭哲学"的命题。他认为德国的实践政治派要求否定哲学是正当的,错误在于仅仅停留于这个要求。在马克思看来,如果"不使哲学成为现实,就不能够消灭哲学"①。接着马克思又批评了起源于哲学的理论政治派,认为他们犯了与实践政治派同样的错误,只不过错误的因素是相反的,"该派的根本缺陷可以归结如下:它以为,不消灭哲学,就能够使哲学成为现实"②。这是马克思最初对哲学表示否定的看法,而这些看法一旦形成,便成为马克思在日后否定性地对待哲学的源头。在《1844年经济学哲学手稿》中,马克思继续着对哲学的否定:"理论的对立本身的解决,只有通过实践方式,只有借助于人的实践力量,才是可能的;因此,这种对立的解决绝对不只是认识的任务,而是现实生活的任务,而哲学未能解决这个任务,正是因为哲学把这仅仅看做理论的任务。"③而马克思对哲学的最有名的否定是《关于费尔巴哈的提纲》第11条:"哲学家们只是用不同的方式解释世界,问题在于改变世界。"④ 很明显,在这里马克思对以往哲学家们表示极大不满的同时,也表达了对"只是"解释世界的哲学的鄙视。

以上阐述是我们按照传统西方哲学的通常标准来看待马克思

---

① 《马克思恩格斯文集》第1卷,北京:人民出版社2009年版,第10页。
② 《马克思恩格斯文集》第1卷,北京:人民出版社2009年版,第10页。
③ 《马克思恩格斯文集》第1卷,北京:人民出版社2009年版,第192页。
④ 《马克思恩格斯文集》第1卷,北京:人民出版社2009年版,第502页。

学说得到的认识，可以说，马克思学说的非哲学身份是由传统西方哲学的标准所决定的。然而，如果跳出传统西方哲学的标准，进入到马克思学说自己建立的哲学标准中，就会发现马克思学说被传统西方哲学标准所掩盖的东西。毫无疑问，在这些被掩盖的东西当中，马克思学说的哲学身份是尤其需要重视的。具体来说，马克思哲学的实质是实践哲学，即作为实践的哲学，或者说以实践的方式体现出自身的哲学。西方马克思主义代表人物阿尔都塞有一段话可谓一语中的："应该赋予马克思主义哲学的实践的存在以一种对这种实践的存在和对我们来说都是不可缺少的理论的存在形式，因为马克思主义哲学实践的存在本身只是以实践的状态存在于分析资本主义生产方式的科学实践即《资本论》中，存在于工人运动史上的经济实践和政治实践中。"[①] 作为一种实践哲学，马克思哲学绝不是通过有形可见、一眼看上去便觉得像哲学的那种形式示人的，而是通过表面上与哲学保持相当遥远距离的《资本论》等政治经济学著作以及其他政治、历史著作展示的，这一特征正是"马克思主义哲学的实践的存在"。要想理解马克思哲学，首先就要理解马克思哲学的这种存在方式。下面，我再来详细地解释一下马克思实践哲学。

马克思哲学是以"改变世界"为根本主题和使命的哲学，这一点决定了马克思哲学只能以实践的方式存在，从而它彻底放弃了理论地解释世界的方式，而传统西方哲学出于"解释世界"的主题和使命，必然要在理论上构造世界，因此它必然采取理论

---

① 〔法〕阿尔都塞：《读〈资本论〉》，李其庆、冯文光译，北京：中央编译出版社2001年版，第26页。

的方式存在。是"解释"世界还是"改变"世界，导致了两种截然不同的哲学存在形式，其关键原因在于两者的预设截然不同。"解释世界"预设了世界本身的现存既定性，只有要解释的那个对象处于静止的位置上，不再与其他系统发生信息、能量交换，亦即对象被想象为一个自足、完整的对象，彻底的解释才有可能，否则对象内部某种因素的溢出，终将破坏解释的效力，使解释变得无效。由此，传统西方哲学就可以将世界作为一个"分析的"对象，将之打碎、分解、解剖、组合和建构，或者将之分为各个部分、方面、因素和层次，这些工作的表现形式当然是理论的，既可以很严谨，又可以很深刻，所以有足够明显的理由成为"哲学"。与之相比，"改变世界"却必须要预设世界本身的绝对开放性，它在原则上不承认开放性的绝对界限，认为世界在开放的程度上有着绝对的可能性。换句话说，理论总是倾向于僵化和保守，而世界则倾向于变化和发展。正由于此，马克思的实践哲学认为世界是不可能得到彻底解释的，从而放弃了那种在理论上构造世界的努力。在马克思看来，哲学只能服从于世界本身的"改变"，亦即放弃任何关于哲学可以脱离实践、超越实践的观点。在《1844年经济学哲学手稿》中，马克思指出："理论的对立本身的解决，只有通过实践方式，只有借助于人的实践力量，才是可能的；因此，这种对立的解决绝对不只是认识的任务，而是现实生活的任务，而哲学未能解决这个任务，正是因为哲学把这仅仅看做理论的任务。"[1] 在《德意志意识形态》中，

---

[1] 《马克思恩格斯文集》第1卷，北京：人民出版社2009年版，第192页。

马克思进一步指出:"对现实的描述会使独立的哲学失去生存环境,能够取而代之的充其量不过是从对人类历史发展的考察中抽象出来的最一般的结果的概括。这些抽象本身离开了现实的历史就没有任何价值。"① 在《资本论》中,马克思总结道:"观念的东西不外是移入人的头脑并在人的头脑中改造过的物质的东西而已。"② 这些阐述突出地表达了马克思的世界开放性和理论附属性的观点,因此马克思拒绝按照传统西方哲学的标准来构造自己哲学的做法就不难理解了。

如果说彻底放弃理论地解释世界的方式表明了马克思对传统西方哲学的拒斥的话,那么马克思哲学对现实世界的介入方式则使马克思的实践哲学真正充实起来和挺立起来,这可以看做是"改变世界"的主题和使命对马克思实践哲学的塑形。对世界开放性和理论附属性的确认,只是表征着马克思实践哲学对传统西方哲学的批判,在此之后还有更为艰巨的实践哲学的展示问题。当然,马克思绝不是为了展示实践哲学而展示,而是在让自己的理论介入到"改变世界"事业的过程中不自觉地展示了实践哲学。可以说,实践哲学的展示在马克思那里基本是一个无意识的问题,抑或是"直接实践意义"上的,这仍然要从"解释世界"和"改变世界"的预设谈起。当"解释世界"预设了世界的现存既定性之后,一个逻辑上的后果便是同时预设了"我"对于世界的"直观"态度,对于一个现存既定的对象,"我"的态度只能是直观的,这就是马克思对"从前的一切唯物主义"的根

---

① 《马克思恩格斯文集》第1卷,北京:人民出版社2009年版,第526页。
② 《马克思恩格斯文集》第5卷,北京:人民出版社2009年版,第22页。

本批评。与"改变世界"对世界的绝对开放性的预设相适应，马克思认为合理的实践哲学态度只能是参与式、介入式的。因为所谓世界的绝对开放，不仅仅意味着世界本身的绝对运动性，更意味着"我"与世界的关系是实践生成性的，企图将"我"自外于世界无非是一种幼稚的幻想，因此"我"对世界的态度只能是参与的、介入的，只不过是自觉或不自觉、程度的深浅而已。在确认"我"与世界的参与和介入关系的前提下，马克思进一步从"改变世界"出发，要求实践哲学参与到"使现存世界革命化"的事业中，介入"实际地反对并改变现存的事物"的过程中，其合理的形式便是成为无产阶级自我解放和全人类解放的"精神武器"，成为无产阶级的"解放的头脑"，如果体现于理论工作中，那么合理的形式只能是"进一步研究的出发点和供这种研究使用的方法"。无论是"精神武器"，还是"方法"，都是不能定型化、实体化的，毋宁说，它们只能隐身于具体的经济问题、政治问题的谈论中，化身于复杂的历史问题、革命问题的研究中。毋庸讳言，经济、政治、历史、革命等非哲学的领域才是"改变世界"的主渠道，因此，实践哲学作为这一事业的观念的组成部分，能够发挥指南、牵引、规范、纠偏和批判的作用。

到此为止，我们对马克思实践哲学的讨论基本上完成了。其实我始终有一个强烈的感觉，就是马克思的实践哲学只是适合于展示、显示、显现，而不适合于表述、表达和定义，这是它很难被人们把握的重要原因。"道可道，非常道"。我认为马克思哲学是一种真正的智慧，如果我们按照传统西方哲学的标准把马克思哲学"研究"出来和"分析"出来,那我敢说,这种哲学一定不是马克思的哲学。就此而言,马克思哲学与智慧相通,与道相通。

马克思主义是人的发展的学说，还是人类社会发展规律的学说？

老师，我看论文时看到有人说马克思主义是关于人的自由而全面发展的学说，这是目前关于马克思主义的一种比较普遍的认识，但是无论从马克思主义的产生过程还是从它的结构来看，都不能把马克思主义仅仅理解为关于"人的自由而全面发展的学说"，更关键的是要把马克思主义理解为关于人类社会发展规律的科学发现，这是为什么呢？

马克思主义是关于人的自由而全面发展的学说，还是关于人类社会发展规律的学说，这涉及对马克思主义的定义。我们上课使用的教材《马克思主义基本原理概论》是这样界定马克思主义的：马克思主义是由马克思和恩格斯创立并为后继者所不断发展的科学理论体系，是关于自然、社会和人类思维发展一般规律的学说，是关于社会主义必然代替资本主义、最终实现共产主义的学说，是关于无产阶级解放、全人类解放和每个人自由而全面发展的学说，是指引人民创造美好生活的行动指南。①除此之外，学术界关于马克思主义定义还有以下观点：马克思主义是关于人的自由而全面发展的学说；马克思主义是关于资本主义的学说等。不难发现，对于马克思主义是什么的问题，人们从不同角度做出定义，有的从创造者和继承者的角度，有的从阶级属性的角度，有的从研究对象的角度……这是一个正常的学术现象，马克思主义本来就是一个具有不同侧面、不同层次、不同领域的理论体系，不同的学者当然可以从各自的角度对其做出阐释，这也丰富了马克思主义的理论研究。

在明确了以上问题之后，我们再来面对你提出的问题：马克思主义是关于人的发展的学说，还是关于人类社会发展规律的学说？先将马克思主义的其他定义悬置起来，就来看这两个定义，它们有什么差别吗？有差别，差别就在于它们的侧重点不一样。前者的侧重点是马克思主义的根本宗旨是什么，即马克思主义要为人的自由而全面发展提供理论指南，后者的侧重点是马克思主义的研究对象是什么，即马克思主义要研究人类社会的发展规律。在看待它们的关系时，一定注意要将两者结合起来看：为了实现人的自由而全面的发展，就必须研究人所处的社会及其发展规律，否则人的发展目标即使提出来也无法实现；而研究社会及其发展规律，最终是为了实现人的自由而全面的发展，否则所有的研究都将失去意义。在马克思主义理论研究的历史上，曾经出

---

① 参见本书编写组：《马克思主义基本原理概论》，北京：高等教育出版社2018年版，第2页。

以理服人：大学生关心的马克思主义问题

现过脱离社会及其发展规律而单纯地关注人的研究，这就是20世纪初期兴起的西方马克思主义。西方马克思主义的重要特征便是高扬人本主义的旗帜，把人的尊严、人的需要、人的自由、人的发展放到了理论的中心位置，这样对待人本来是无可厚非的，但是问题在于一味地呼唤人、赞美人乃至反思人、批判人，就能够真实地透视人吗？难道有一个作为原型的、永恒不变的人吗？难道现实的、活生生的人可以脱离开他所处的现实社会而孤立存在吗？难道人们可以在不研究和掌握人类社会及其发展规律的前提下就获得自己的自由而全面的发展吗？答案是否定的，只有在深刻认识和全面把握人类社会发展规律的基础上，实现人的自由而全面发展的目标才具备现实的可能。同样，在中华人民共和国成立之后很长一段历史时期，很多学者十分关注人类社会发展规律，对资本主义社会、社会主义社会和共产主义社会进行了大量研究，甚至共产主义成为人们日常生活中最经常谈论的内容之一，然而由于这些研究主要是为了服务于无产阶级对资产阶级的专政，这就必然导致人在马克思主义理论研究中的根本性缺失，不必说把人作为理论研究的根本宗旨，哪怕是谈论人都会被当成资产阶级的观点而受到批判，这使得我国马克思主义理论研究的根本宗旨失去了正确的方向。通过以上两个历史教训，我们现在已经意识到不应当再把马克思主义割裂成相互脱离的几个部分来研究，而是把马克思主义看成是"一整块钢铁"[①]。马克思主义并不是诸多个别论断和个别结论的机械总和，它的任何一个观

---

① 《列宁全集》第18卷，北京：人民出版社1988年版，第341页。

点、一个原理只有在和其他观点和原理相互联系的语境中才能得到合理而完整的理解，这体现出了马克思主义的整体性。

最后，让我们回顾一下恩格斯在批判他的理论对手杜林时提请读者注意不要忽略"各种见解之间的内在联系"的话，这些话对于我们今天来理解马克思主义的整体性不无裨益："对象本身的性质迫使批判不得不详尽，这样的详尽是同这一对象的学术内容即同杜林著作的学术内容极不相称的。但是，批判之所以这样详尽，还可以归因于另外两种情况。一方面，这样做使我在本书中所涉及的很不相同的领域中，有可能正面阐发我对这些在现时具有较为普遍的科学意义或实践意义的争论问题的见解。这在每一章里都可以看到，尽管这本书的目的并不是以另一个体系去同杜林先生的'体系'相对立，可是希望读者不要忽略我所提出的各种见解之间的内在联系。我现在已有充分的证据，表明我在这方面的工作不是完全没有成效的。"①

---

① 《马克思恩格斯文集》第9卷，北京：人民出版社2009年版，第8页。

马克思主义是关于无产阶级阶级斗争的理论吗？

有人提出，马克思主义是无产阶级革命的学说。这个判断的准确性在于对"革命"这个概念的理解。如果把"革命"作广义的理解，即把它理解为无产阶级这个特殊阶级的进步的全部活动，那么把马克思主义当做"无产阶级革命的学说"，当做指导无产阶级全部实践的理论，是完全正确的。但是，如果把"革命"所指仅限于无产阶级执政前以夺取政权为目的的活动，把马克思主义仅仅理解为关于这种活动的理论指导，就不正确了。那么不正确表现在哪里呢？

你所引用的学者观点，即把"革命"理解为无产阶级执政前以夺取政权为目的的活动是不正确的，在我看来不应当直接地判断为不正确。马克思对资本主义社会进行批判的最终指向是把全人类从资本主义体制中解放出来，从阶级层面而言，这一解放主要体现为无产阶级的解放,从政治形式而言,这一解放主要体现为无产阶级的阶级斗争,类似于你所引述的无产阶级以夺取政权为目的的活动。在新中国成立之后很长一段时间,我们把马克思主义理解为一种指导无产阶级阶级斗争活动的理论,所以也才有了"以阶级斗争为纲"的纲领。今天,这一纲领已经成为历史,但是它得以提出的依据,即马克思主义与无产阶级阶级斗争之间的关系,却也随着这一纲领的放弃而受到人们的忽视、指责乃至歪曲。在今天的时代环境下,曾经被马克思寄予厚望的无产阶级不仅没有按照马克思的预期成为资本主义的掘墓人和人类解放的主体,反而由于当代西方社会产业结构的调整而变得越来越碎片化和非革命化,这一经验事实成了所有反驳马克思阶级斗争理论的直接依据。在以上事实背景中,许多学者开始刻意地分离马克思主义与无产阶级阶级斗争之间的联系,认为马克思主义不是指导无产阶级阶级斗争活动的理论,或者认为马克思的阶级斗争理论已经过时。毫无疑问,上述对马克思阶级斗争理论的挑战提出了两个重大问题:一是马克思的阶级斗争理论是否具有当代意义?二是马克思主义与无产阶级阶级斗争之间是否存在本质性的联系?

第二次世界大战以来,马克思的阶级斗争理论遭受了一些怀疑,而这些怀疑是依据当代资本主义最新发展带来的西方社会结构变迁和无产阶级变化,在事实层面上指认马克思关于无产阶级的美好期望和政治期待落空了。这些否定并不否认马克思时代的无产阶级及其与资产阶级之间的阶级斗争的历史事实,而且认为马克思本人的文本正是马克思那个时代的阶级斗争的反映和指导。这些否定观点强调的是：当代社会实践带来的一系列变化已经使得马克思阶级斗争理论不再适用，不仅马克思笔下的无产阶级已经被资产阶级所同化，无产阶级从资本主义社会的否定力量转变为肯定力量——在这种情况下，如何还能指望无产阶级成为资本主义的掘墓人呢？而且无产阶级已经成为社会政治运动的边缘群体，取而代之的是失业者、半失业者、大学生、知识分子、生态主义者、和平主义者等其他群体，当代政治理论应当关注的是后者，而非无产阶级。那么，究竟应当如何认识当代资本主义的变化，从而科学判定马克思无产阶级斗争理论的当代意义呢？

实际上，只要我们透过现象抓住事物的本质，就可以认识当代资本主义变化的真实性质。不管资本主义的产业结构和社会结构如何变迁，只要资本仍然存在，以资本为基础的经济形态仍然占据社会的主导方面，那么资本与劳动之间的对立、资本家阶级与无产阶级之间的对立作为阶级斗争的本质就不会改变。在马克思的时代，这一对立以无产阶级大规模的武装斗争和频繁的罢工游行直接地表现出来，所以我们寻找马克思理论与那个时代的阶级斗争之间的联系并不困难，然而，这一对立在当代资本主义社会的背景下，已经彻底地变换了自己的表现形式，以一种资本家和产业工人、白领和平共处、和谐共赢的姿态表现了出来。请不要忘记的是，在无产阶级反抗资产阶级的历史传统下、在各种限制资本逻辑的社会规范的约束下，资本家已经不可能再按照马克思时代的那种剥削工人的方法继续剥削今天的工人了，资本家只能以同化、收买、笼络的方式继续支配和剥削工人，具体方式便是给工人提高工资、增加福利待遇、增强群体意识、塑造新的价值观等等，而所有这一切都是服务于资本家获取剩余价值的最高原则。比如通用汽车公司前老板斯洛恩说过，是赚钱而不是汽车，才是汽车工业的真正目的。[1] 同样可以说，是赚钱而不是改善工人处境，才是资本家的真正目的；或者说，改善工人处境对资本家赚钱有好处，资本家才会对工人的处境感兴趣。这一事实也说明，工人处境的改善，丝毫不意味着工人阶级的阶级地位发生了实质性的改变，相反，资产阶级能够更牢固地控制和支配工人阶级，两大阶级之间的根本利益的对立仍然根深蒂固地保持着。看一下今天的发达资本主义国家和世界范围内资本逻辑的所到之处，就会发现，收入两极分化、社会不平等、资本压榨劳动的现象正在以远比马克思时代更加严重的程度猛烈地增长着。如果说马克思时代两大阶级之间的对立关系主要体现在经济领域，并且还表现得非常明显，那么在当代环境中这种对立关系已经扩展到教育、文化、意识、日常生活等更加广泛的社会领域，并且表现得非常隐蔽。因此，马克思阶级斗争理论不仅没有过时，而且对于透视当代资本主义变迁的实质、分析当代政治运动的内在规律具有无法替代的意义。

  接下来的问题便是，在界定马克思主义时是否可以从阶级斗争的角度进行阐释？马克思主义是一个比较复杂的理论体系，其中涉及各种各样的理论内容，比如人的自由而全面的发展、科学的世界观和方法论、人类社会的发展规律等，从不同的角度来界定马克思主义都是合理的。因此，通过刚才对马克思阶级斗争理

---

[1] 参见孙正聿等：《马克思主义基础理论研究》，北京：北京师范大学出版社2011年版，第615页。

论的阐述，我们也可以把马克思主义界定为指导无产阶级夺取政权的理论，或关于无产阶级阶级斗争的理论。但是，当我们作出这种定义时，需要注意：第一，这一定义并不排斥其他的定义，即它并不表明马克思主义除了是关于无产阶级阶级斗争的理论之外，就没有其他的理论内容了。事实上，马克思主义包含着极其丰富的理论内容，仅就马克思本人的文本而言，马克思的笔锋所及绝不限于阶级和阶级斗争，包括经济、政治、文化、意识形态、世界观、方法论等众多事物都是马克思的考察对象，这一点我们看一下马克思的原著以及学者对马克思的研究就会感觉到。第二，这一定义是从阶级斗争的角度提出的，但是对马克思主义的界定要牢牢把握住马克思主义是要解决什么问题这一根本使命，在这方面，恩格斯《在马克思墓前的讲话》中的一句话给予我们重要的启发："马克思首先是一个革命家。他毕生的真正使命，就是以这种或那种方式参加推翻资本主义社会及其所建立的国家设施的事业，参加现代无产阶级的解放事业，正是他第一次使现代无产阶级意识到自身的地位和需要，意识到自身解放的条件。"[①] 可以说，包括马克思学说在内的马克思主义的根本使命便是指导无产阶级推翻资本主义社会，从而获得自身解放和全人类的解放，这一使命从根本上规定了马克思主义的性质、内容和宗旨。因此，毫无疑问，马克思主义与无产阶级阶级斗争之间存在着本质性的联系，而上述定义也应当纳入马克思主义根本使命的范围内来理解。

---

① 《马克思恩格斯文集》第3卷，北京：人民出版社2009年版，第602页。

马克思的哲学为什么是一种经济哲学?

老师,您在课堂上说过马克思哲学是一种经济哲学,要从经济哲学的角度来理解马克思哲学。我在读马克思的著作时,确实也发现马克思说过很多经济问题,像货币、商品、资本、消费,等等。不过我的问题是,马克思对于经济问题的论述怎么就是一种哲学了?希望老师解答一下。

同学,你提出的问题很好,关于马克思哲学与经济哲学的关系问题是当今哲学界一个热点话题,在这里我想谈一下自己的看法。你的问题是:马克思对于经济问题的论述怎样成为一种哲学?我想改变一下你的问题的提法,改成:经济学与哲学怎样融合,才能成为经济哲学?因为我上的课重点是谈马克思的经济哲学,以上那个问题之后还有一个问题需要解决,即马克思的经济哲学是怎样体现出来的。当这两个问题都解释清楚时,我想你的疑问便会迎刃而解。

以理服人：大学生关心的马克思主义问题

首先是第一个问题：经济学与哲学怎样融合，才能成为经济哲学？应当说，经济学和哲学的分界是很清楚的，这两者的研究对象就很不一样。经济学往往研究生产、商品、交换、分工、货币、资本、工资等具象的东西，而哲学往往研究世界、本原、真理、认识、主体、客体、真善美、自由等抽象的东西。因此难题就在于，经济学和哲学的结合究竟采取怎样的方式才能成为一种经济哲学？在我看来，这个问题问的就是经济哲学的理论定位。

第一，经济哲学不是关于经济事物和经济范畴的非反思的描述，而是对经济事物和经济范畴的前提、本质、规律及其内含的思维方式的反思和批判。尽管哲学的内涵从来没有统一理解，但作为对人类思维、理论和实践之根据的不懈追问，哲学必然是本质的、反思的、批判的，并且一定会触及事物成其为自身的根据，这就意味着不是所有关于经济问题的阐述都属于经济哲学的范畴。当然，人们可以在经济和经济学的领域中选取一个问题作为自己的研究对象，并使之系统化、理论化，但是这些并不能够直接成为经济哲学的研究对象。只有自觉地揭示出经济问题的历史意蕴和人文意义，只有自觉地反思经济与哲学、社会、发展、伦理等广阔生活世界之间的关系，哲学才属于经济哲学的范畴。

第二，经济哲学不是哲学研究领域中的部门哲学，而是哲学研究的一种视野、维度和范式。从传统西方哲学的历史来看，在马克思之前，还没有哪一个哲学家或经济学家能够意识到经济学与哲学结合的必要性及其对哲学的意义。在漫长的西方哲学发展史上，物质生产等经济问题向来是被哲学家鄙视的低贱活动，哲学家们根本不愿意从生产、劳动当中发现什么具有哲学意义的东西。虽然谈论经济问题的哲学家确实出现过,比如亚里士多德、阿奎那等人,但是他们从来都没有从事经济哲学的研究,经济学和哲学在他们著作当中是相互分离的两个领域。在这些人中,需要重点讨论一下斯密和李嘉图。他们两人同是古典政治经济学的代表人物,相比于早期的重商主义,他们已经不再孤立地研究经济问题,亦即不是就经济谈经济,而是在一个比较广阔的社会历史视野中谈论经济问题,他们经济研究的社会历史内涵是前人无法比拟的。尽管如此,从严格的经济哲学尺度上看,还是不能把他们的政治经济学称作经济哲学,因为他们的经济研究仍然缺乏哲学问题的讨论,还没有对哲学问题进行经济学的研究,因此经济哲学仍然是缺场的。虽然斯密写了《国富论》和《道德情操论》这样两本分属经济学和哲学的著作,但它们之间的关系就像经济学和哲学在亚里士多德著作中的关系一样,仍然缺乏经济哲学意义上的联系。直到马克思的著作,经济哲学才算开始,标志是他不再从纯粹哲学的角度来阐发哲学思想,而是径直地从经济问题的角度来阐发哲学话语,有些哲学思想甚至直接就是经济学思想,经济学和哲学在马克思那里已经是"水乳交融""不分你我"的状态了,也难怪马克思的哲学观点往往被理解为"经济决定论",这一情况也许可以看做是马克思经济哲学的另一种证明。

第三,经济哲学不是形式意义上的关于经济学的哲学,而是实质意义上的作为经济学的哲学,这一规定尤其适用于马克思的经济哲学。关于经济学的哲学和作为经济学的哲学都表现为经济学和哲学的结合,但是就两者的比较而言,前者侧重于经济问题的哲学意蕴,走的是一条从经济学上升到哲学的路线;后者侧重于哲学问题的经济学研究,走的是一条从哲学落实到经济学的路线。就马克思的思想历程来看,当马克思还没有经济学思想的时候,就已经有了一定的哲学思想,这一过程大体是在1843年之前,当马克思想要继续推进自己的哲学思想时,发现决不能缺少经济学的推动和支撑,这时他的哲学思想表现出一种"渴求经济学"的状态,因此他才会阅读大量的政治经济学著作。而伴随着经济学研究的深入,他的哲学思想才能够真正摆脱其他人思想的束缚和牵制,也才有了属于他自己的哲学思想。在马克思那里,经济学和哲学的结合绝不是可有可无的一种努力,而是关系到马克思能否实现哲学的"改变世界"使命的重大事情,因为马克思通过经济学研究,已经深切领会到这样一点:根本的问题在于改变世界,而在欲以改变的这个世界中,经济活动是最基础性、最具奠基性的活动,其他一切活动都是在经济活动的前提下才有可能。"人们为了能够'创造历史',必须能够生活。但是为了生活,首先就需要吃喝住穿以及其他一些东西。因此第一个历史活动就是生产满足这些需要的资料,即生产物质生活本身,而且,这是人们从几千年前直到今天单是为了维持生活就必须每日每时从事的历史活动,是一切历史的基本条件。……因此任何历史观的第一件事情就是必须注意上述基本事实的全部意义和全部范围,并给予应有的重视。"[①] 经济活动对于哲学的意义体现在,哲学要实现改变世界的目标,就必须首先关注经济领域,研究经

---

① 《马克思恩格斯文集》第1卷,北京:人民出版社2009年版,第531页。

济问题,通过经济学研究来获得改变世界和理解世界的切入点。在某种意义上,《资本论》便是马克思对经济活动的"全部意义和全部范围"的理论探索。对于《资本论》时期的马克思来说,他的哲学无法离开经济学的研究,他的哲学思想往往就是针对经济问题的思想。只不过经过后人的提取和总结,显得马克思好像是有独立的经济哲学。

其次是第二个问题:马克思的经济哲学是怎样体现出来的?相比于传统西方哲学,马克思哲学是一种异质性的哲学,其中的重要方面便是马克思哲学拒绝使用以往哲学家们所使用的抽象概念,而是启用了一批新的概念,如物质生产、实践、改变世界、生产关系、经济结构、上层建筑等。这些概念实际上意味着马克思经济哲学的产生。不过,这个问题还需要系统地予以说明。具体而言,作为经济哲学的马克思哲学是通过以下几个方面体现的。

第一,作为马克思哲学之代表的唯物史观是在经济学语境中阐发的。唯物史观是马克思哲学的代表,而马克思关于唯物史观的两段经典论述均是在分析以经济问题为主的社会历史关系过程中提出的。第一段论述是在《德意志意识形态》中:"这种历史观就在于:从直接生活的物质生产出发阐述现实的生产过程,把同这种生产方式相联系的、它所产生的交往形式即各个不同阶段上的市民社会理解为整个历史的基础,从市民社会作为国家的活动描述市民社会,同时从市民社会出发阐明意识的所有各种不同的理论产物和形式,如宗教、哲学、道德等等,而且追溯它们产生的过程。这样做当然就能够完整地描述事物了(因而也能够描述事物的这些不同方面之间的相互作用)。这种历史观和唯心主义历史观不同,它不是在每个时代中寻找某种范畴,而是始终站在现实历史的基础上,不是从观念出发来解释实践,而是从物质实践出发来解释各种观念形态。"① 当传统哲学家们同样关注"某种范畴""观念形态"时,总是从意识性的来源,如理性、感性、经验等,或是从具有神秘色彩的来源,如理念、上帝、自然等方面,来寻找范畴的起源和发生过程。就任何理论形式和实践活动无不与人的意识相关而言,哲学家们找到的这些来源以及发生发展过程当然具有合理性,但是问题在于他们满足于这些来源,以为已经找到了历史的真正出发点和起源。殊不知,哲学家们只是说出了事情本来面目的一部分,而忽略了这些所谓来源的来源问题。这样,马克思就在哲学家们止步不前的地方继续向前考察,终于发现了历史的真正出发点和起源地:物质实践,并由此开始重新解释社会历史和意识形态。可见,经济问题的研究对于马克思哲学的形成具有视角转换、范式重建的意义。

第二段论述是在《资本论》的手稿《〈政治经济学批判〉序言》中:"人们在自己生活的社会生产中发生一定的、必然的、不以他们的意志为转移的关系,即同他们的物质生产力的一定发展阶段相适合的生产关系。这些生产关系的总和构成社会的经济结构,即有法律的和政治的上层建筑竖立其上并有一定的社会意识形式与之相适应的现实基础。物质生活的生产方式制约着整个社会生活、政治生活和精神生活的过程。不是人们的意识决定人

---

① 《马克思恩格斯文集》第 1 卷,北京:人民出版社 2009 年版,第 544 页。

们的存在，相反，是人们的社会存在决定人们的意识。社会的物质生产力发展到一定阶段，便同它们一直在其中运动的现存生产关系或财产关系（这只是生产关系的法律用语）发生矛盾。于是这些关系便由生产力的发展形式变成生产力的桎梏。那时社会革命的时代就到来了。随着经济基础的变更，全部庞大的上层建筑也或慢或快地发生变革。"①《〈政治经济学批判〉序言》时期的马克思已经发现并提出了剩余价值理论，揭示了资本主义剥削的秘密，从理论上阐明了资本主义经济的客观规律和内在机制，正是在这些经济学研究基础上，马克思才得出了唯物史观的准确观点，像"生产力决定生产关系"，"经济基础决定上层建筑"，"物质生活制约社会生活、政治生活和精神生活"，"社会存在决定社会意识"，"生产方式的矛盾导致革命"等观点。这些观点不仅是马克思经济学研究的产物，而且在很大程度上就是马克思对哲学问题的经济学回答，哲学（唯物史观）和经济学的高度一致已经成为马克思哲学的本质特征。

第二，《资本论》的经济学研究渗透着哲学的研究方法，反过来说，正是哲学的研究方法，促使马克思的政治经济学不再是古典政治经济学意义上的经济学，而是具备了哲学品格。关于马克思的研究方法，主要有辩证法、抽象上升到具体的方法、矛盾分析的方法、逻辑与历史相一致的方法等。在这些方法中，辩证法是灵魂和核心。马克思认为自己的辩证法"从根本上来说，不仅和黑格尔的辩证方法不同，而且和它截然相反。"② 然后又阐

---

① 《马克思恩格斯文集》第2卷，北京：人民出版社2009年版，第591—592页。
② 《马克思恩格斯文集》第5卷，北京：人民出版社2009年版，第22页。

述了辩证法的两个特征，一是唯物性，即"观念的东西不外是移入人的头脑并在人的头脑中改造过的物质的东西而已"①；二是批判性，即"辩证法不崇拜任何东西，按其本质来说，它是批判的和革命的"②。可以说，正是唯物的、批判的辩证法的实际运用，才使得马克思的政治经济学超越了古典政治经济学的实证主义视野、经验主义世界观和工具理性主义，亦即超越了古典政治经济学和现代西方经济学作为"发财致富的科学"的本质规定性，从而在政治经济学发展史上实现了变革。

第三，马克思的经济学研究渗透着浓厚的价值导向，这里的价值导向主要是指对个人的自由发展的诉求。关于个人的发展问题的思考，贯穿在马克思研究历程的始终。当马克思还是一名中学生时，他就树立了"为人类的幸福和我们自身的完美"而工作的道德信念，然而这也只是一种信念而已，毕竟马克思的人生才刚刚展开。作为对人的问题的考察结果，《1844年经济学哲学手稿》以最强烈的人本主义显示了一种对无产阶级遭受异化的道德批判和对人的合乎人性的复归的期盼，从而显示出与国民经济学的区别。马克思指出："国民经济学不知道有失业的工人，即处于这种劳动关系之外的劳动人。小偷、骗子、乞丐，失业的、快饿死的、贫穷的和犯罪的劳动人，都是些在国民经济学看来并不存在，而只在其他人眼中，在医生、法官、掘墓者、乞丐管理人等等的眼中才存在的人物；他们是一些在国民经济学领域之外

---

① 《马克思恩格斯文集》第5卷，北京：人民出版社2009年版，第22页。
② 《马克思恩格斯文集》第5卷，北京：人民出版社2009年版，第22页。

的幽灵。"① 与之相反，马克思将经济问题与人的问题紧密地联系起来，既要透视经济问题的人本意蕴，也要看到人的问题的经济内涵，这一点构成了马克思试图综合经济学和哲学的第一次努力。在《〈政治经济学批判〉序言》中，马克思自觉地从社会发展的客观规律角度来发现人的发展的历史路径，从对经济问题的冷静分析来凸显人的发展的历史形态，这就将对人的思考落实到了对社会历史的科学分析基础上。能够代表马克思此时研究成果的当属《1857—1858年经济学手稿》提出的人的发展的三阶段理论："人的依赖关系（起初完全是自然发生的），是最初的社会形式，在这种形式下，人的生产能力只是在狭小的范围内和孤立的地点上发展着。以物的依赖性为基础的人的独立性，是第二大形式，在这种形式下，才形成普遍的社会物质变换、全面的关系、多方面的需要以及全面的能力的体系。建立在个人全面发展和他们共同的、社会的生产能力成为从属于他们的社会财富这一基础上的自由个性，是第三个阶段。第二个阶段为第三个阶段创造条件。"② 这段话非常清楚地表明了《资本论》时期的马克思是如何看待人的发展问题的。一方面，马克思始终追求个人的自由发展和全面发展，并将个人的发展具体地定向于人的自由个性，这是马克思继承了中学时代和早期哲学研究时期的价值指针；另一方面，马克思从社会历史的发展过程，尤其是从"人的生产能力""物的依赖性"等经济视域来探索人的发展的现实道路，这使得《资本论》的价值导向建立在坚实的科学基础上。

---

① 《马克思恩格斯文集》第1卷，北京：人民出版社2009年版，第171页。
② 《马克思恩格斯文集》第8卷，北京：人民出版社2009年版，第52页。

以理服人：大学生关心的马克思主义问题

《资本论》关于人的问题的研究表明，个人的发展既不能依靠人的美好的主观愿望，也不能诉诸经济运动的自然结果，而是一种需要人们在自觉把握历史规律和经济规律的基础上努力加以实现的可能性。

以上就是我对马克思哲学作为经济哲学的一点理解。这些阐述可能有点多，你理解起来也许有一些困难，但是你在阅读马克思著作时可以参考我的观点，这样你对马克思的理解会更有针对性、更有收获。

什么是先验主义的论证？

鲍老师好，今天上课时我有一个和马克思哲学关系不是特别大的问题没有明白。什么样的论证算作带有先验主义色彩呢？假设一种理想的状态再和现实对比得出结论是不科学吗？可是这样的话很多以理想模型构建起来的学科都不是科学了，只能是形而上学了。希望老师能帮我解答一下这个疑惑。

在我看来，你的问题不是"和马克思哲学关系不是特别大"，而是和马克思哲学的关系再紧密不过了。实际上，马克思正是在批判先验主义、批判自己思想中的先验因素的过程中才创立了以自己的名字命名的哲学的，如果不分清先验主义和马克思哲学之间的实质差别，就无法真正理解马克思哲学。

先验主义指的是这样一种理论：把事物的存在当做是自古以来就有的、永恒不变的存在。你应该还记着我在课堂上给同学们讲过柏拉图的例子，柏拉图认为人们靠感官把握到的桌子是时刻处于生灭变化中的，而这些桌子之所以成其为桌子，是因为有一个超越时空、超越感官、永恒不变的作为理念的桌子，作为理念的桌子决定着具体的、现象界的桌子，具体的桌子是变化不定的，而作为理念的桌子是先天就有的，因此是永恒不变的。柏拉图的这种论证方式便是先验主义的论证，他的理论也是先验主义。先验主义的主要特点便是从先天就有的存在物推导出现实世界中的存在物，例如从作为理念的桌子推导出现实的桌子，这就是柏拉图的论证逻辑。但是实际上，柏拉图的先验论是根本站不住脚的，因为作为理念的桌子根本不存在，它实际上是柏拉图主观臆造的事物，从一种虚假的事物推导出现实的事物，这样得出的结论肯定是不合理的，尽管这种论证方式也想要解释现实事物。而写作《1844年经济学哲学手稿》时期的马克思尚未走出这种论证逻辑，马克思也是从他自己主观臆造的一种"未异化、本真的人"（请注意，这种人从来没有在现实的人类历史上出现过）出发，按照这种标准来衡量和批判现实的人，从而得出现实的人处于异化状态的观点，最后又主张应当扬弃异化状态，复归到人的未异化、本真的存在状态。尽管马克思此时考察的是现实的人，但运用的方式仍然是先验主义的论证方式，这种方式建立在对人的虚构基础之上，因此这种方式是不科学的。正是在这种意义上，马克思的思想仍然是不成熟的，马克思哲学还没有实质性地产生，直到写作《关于费尔巴哈的提纲》和《德意志意识形态》时期，马克思才意识到自己的思想方法的问题，也才开始批判先验主义论证方式。

你谈到的"以理想模型构建起来的学科"，如果你说的这些学科是自然科学的话，那么这和先验主义论证方式没有关系，因为自然科学中的理想模型本质上是对现实事物的简化和抽象化，是剔除与所研究的问题没有直接关系的次要因素、呈现现实事物和过程之间内在的、稳定的联系，从而得出关于客观事物的更深刻的理解。在自然科学史上，科学家设想过很多理想模型，这些理想模型的提出也极大地推动了科学理论的发展。例如，牛顿第一定律的发现就是在一系列理想模型的带动下发现的，这一定律的内容是：任何物体在不受任何外力的时候，总保持匀速直线运动状态或静止状态，直到有作用在它上面的外力迫使它改变这种状态为止。在最初的时候，伽利略做了一个实验：在两个连接的倾斜轨道，使一个小球从一个倾斜轨道的某一高度滑下，小球在经过轨道最低点后沿轨道上升，上升到一定高度后静止。伽利略发现忽略摩擦力，小球上升的高度与释放的高度始终相等。于是他推测，如果是一个倾斜轨道接一个水平轨道，那么小球永远也不能上升到初始高度，于是小球就将永远运动下去。请注意，"小球永远运动下去"是无法在现实条件下实现的，因为总会有摩擦力的存在，但是伽利略的这个逻辑推理出来的结论却是正确的，因为伽利略是在真实的科学实验的基础上，抓住主要矛盾，忽略次要矛盾，对实际过程作出更深刻的抽象分析。在伽利略实验的基础上，牛顿进一步推理得出，在理想情况下，如果水平表面绝对光滑，且不受空气阻力影响，物体受到的阻力为零，那么它的速度将不会减慢，这时它将以恒定不变的速度永远按照直线方向运动下去，即永远保持匀速直线运动状态，而这一点同样也是在现实条件下无法实现的，但并不因此失去真理性。牛顿第一定律虽然无法用实验来直接验证，但是，从定律得出的一切推论都经受住了实践的检验，因此，作为理想模型的牛顿第一定律已成为公认的力学基本定律之一。谈到这里，你也许能够体会到理想模型方法和先验主义方法的本质差别，前者主要运用于自然科学，本质上是逻辑推理，后者主要出现于人文社会科学，本质上是对现实事物的虚假反映。不过，理想模型也在人文社会科学中运用着，比如西方政治哲学中的自然状态理论、韦伯的社会学理论等。如果人文社会科学运用理想模型帮助人们认识经验性、实证性问题的话，我想应该有它的合理性，因为理想模型有忽略无关因素、直击问题要害的特点，这类似于自然科学中的理想模型，但是如果运用理想模型来说明人类历史乃至整个世界，那就是一种先验主义的论证了。

马克思是怎样发现商品价值的？

您在课堂上说要认识商品的价值，就必须运用抽象思维，否则的话就容易从使用价值的角度来认识商品的价值。对这一点我还是不太明白。在我看来，即使要认识使用价值，也需要运用抽象思维，您不是说认识一张桌子，也要用到抽象思维吗？那么当我们认识桌子的使用价值时，不是肯定也用了抽象思维？麻烦老师解释一下。

你提到的问题很有意思，让我具体说明一下。所谓抽象思维，是指人的一种思维活动的方式，是人们在思维中了解和把握客观事物及其规律的手段，它力图在思维中把握众多事物的本质的、共同的特征，同时剔除非本质的、次要的特征的过程。就我们认识包括桌子在内的任何事物而言，都必须运用抽象思维。我之所以会指着面前的这个东西说：这是一张桌子，就是因为我已经把握住了这个东西、那个东西以及另外一些东西的本质的、共同的因素，即这些东西作为桌子都是相同的，都是桌子，至于这个东西和那个东西的颜色多么不一样，这个东西和另外一些东西的结构多么不一样，都已经被我的认识过程给剔除掉了，因为这些因素并非本质因素。可见，不光是桌子，换成任何其他事物，只要把它认识为"某种事物"，就已经运用了抽象思维，不运用抽象思维，认识任何事物都不可能。

当然，要认识商品的价值，同样需要运用抽象思维。但是认识商品价值和认识其他事物的时候，对于运用抽象思维的要求是不一样的。简单来说，认识其他事物的时候，是和具象思维结合在一起运用抽象思维。比如认识一张桌子，实际上我们是结合着这张桌子的外形、结构等因素来运用抽象思维，而对桌子的外形、结构的认识就是具象思维，我们不会在没有见到一个如此这般外形、如此这般结构的东西的情况下，就说这是一张桌子，桌子的判断总要和对一定的具体形象的认识结合在一起。认识商品价值就不一样了，它要求在彻底地摒除具象思维的基础上来运用抽象思维，换句话说，只要还掺杂一丁点具象思维的因素，那么我们认识到的商品价值实际上就不是商品价值。"商品只有作为同一的社会单位即人类劳动的表现才具有价值对象性，因而它们的价值对象性纯粹是社会的。"① 因为商品价值没有任何可以对应的、有着具体形象的事物，商品价值完全是一种抽象思维的产物。当然我这样说，不意味着商品价值没有对应的客观存在，我的意思是说商品价值对应的那个客观存在没有任何具体的形象，

---

① 《马克思恩格斯文集》第5卷，北京：人民出版社2009年版，第61页。

不是感性认识所能把握的，必须运用纯粹的抽象思维才能认识。关于这一点，马克思这样说道："分析经济形式，既不能用显微镜，也不能用化学试剂。二者都必须用抽象力来代替。"①"显微镜""化学试剂"不过是马克思的比喻，来指代那些经验的、具象的思维方式。请注意，马克思认为要认识包括商品价值在内的经济形式，不是"结合"着经验的、具象的思维来运用抽象力，而是以抽象力"代替"经验的、具象的思维。所以认识商品价值，就需要在彻底、纯粹的程度上来运用抽象思维。

为了详细地说明抽象思维对于认识商品价值的重要性，我来描述一下马克思分析商品价值的过程。马克思首先让人们来思考这样一个问题：是什么东西决定着不同商品之间极为不同的交换比例的？例如，一夸特小麦同 x 量鞋油交换，也可以同 y 量绸缎交换，还可以同 z 量金交换，这意味着 x 量鞋油、y 量绸缎和 z 量金是同样大的交换价值，那么是什么东西决定着这些商品的交换价值的等同？认为是一夸特小麦导致了这些商品交换价值的等同，只是对问题的形式主义理解，丝毫不能解决问题，因为小麦的位置完全可以被其他商品代替。如此看来，当这些商品交换的情景被孤立看待时，"交换价值好像是一种偶然的、纯粹相对的东西"②，但是把这些情景放在一起，就会以为交换价值好像是商品内在的、固有的性质似的。正是在这个地方，有的资产阶级经济学家认为商品的交换价值取决于商品的内在性质，即使用价值。然而我们知道，小麦的使用价值和鞋油的使用价值没有任何

---

① 《马克思恩格斯文集》第 5 卷，北京：人民出版社 2009 年版，第 8 页。
② 《马克思恩格斯文集》第 5 卷，北京：人民出版社 2009 年版，第 49 页。

等同性，因而无法比较，也就无法产生所谓的交换价值的比较，同时以使用价值作为交换价值相比较的尺度，必然会导致交换价值的主观化，最终使得交换无法正常进行。还有的资产阶级经济学家认为商品的供求关系决定着交换价值得以衡量的尺度，这一观点能够解释商品的供求关系与交换价值的反比关系，然而却无法解释交换价值从根本上是由什么决定的这一问题，因为它无法解释商品供求平衡的条件下，不同生产者商品的交换价值仍然存在着差异的问题，也无法解释在一定时期内，商品交换价值的波动为什么总是局限在一定幅度内。正像马克思所说，这种使得不同使用价值能够被衡量的"共同东西不可能是商品的几何的、物理的、化学的或其他的天然属性"①。这意味着寻找使用价值得以衡量的尺度必须要撇开使用价值，必须要撇开具象思维的干扰，这样商品就只剩下一个属性，即任何商品都是人类劳动的产物，而且这里的劳动既不是生产小麦的劳动，也不是生产鞋油的劳动。"随着劳动产品的有用性质的消失，体现在劳动产品中的各种劳动的有用性质也消失了，因而这些劳动的各种具体形式也消失了。各种劳动不再有什么差别，全都化为相同的人类劳动，抽象人类劳动。"② 极为不同的商品之所以能够按照一定的比例相互交换，就是因为它们凝结了相同的、同质化的抽象劳动，这个抽象劳动其实正是商品价值所对应的客观存在。正是在凝结了抽象劳动这一相同质的基础上，商品的使用价值才能够展开量的不同比例的交换。至此，马克思完成了对商品价值的发现。

---

① 《马克思恩格斯文集》第 5 卷，北京：人民出版社 2009 年版，第 50 页。
② 《马克思恩格斯文集》第 5 卷，北京：人民出版社 2009 年版，第 51 页。

请注意,马克思发现商品价值的过程,就是运用抽象思维的过程。对于认识商品价值而言,关键是运用抽象思维来认识抽象劳动。抽象劳动是和具体劳动相对的,对具体劳动而言,生产小麦的劳动和生产鞋油的劳动有着一眼看上去便能够区分的感性差别,因为它们都是在特定形式下进行的,有着不同的生产目的、劳动形态、劳动对象、操作方法和劳动结果,因此理解具体劳动并不困难。困难在于理解抽象劳动。马克思就强调了这一点,例如他把抽象劳动看做是一种"幽灵般的对象性",你找不到任何一个感性意义上的原子,并指着它说:看,这就是抽象劳动,这表明抽象劳动不具有感性意义上的客观性。他还形象地把商品价值的对象性与"快嘴桂嫂"作对比,指出"每一个商品不管你怎样颠来倒去,它作为价值物总是不可捉摸的"①。尽管如此,马克思指出了理解商品价值的路径,这就是抽象思维的路径。运用具象思维,对于分析某些经济形式已经足够了,例如使用价值、具体劳动等,但是还有很多经济形式只有借助于抽象思维才能得到理解,例如抽象劳动、价值等。正像马克思反复说明的要"撇开"劳动的有用性质那样,抽象表现为一种舍弃事物某些特征和属性的思维。因为在现实的劳动过程中,具体劳动和抽象劳动并不是两次或两种劳动,而是生产商品的同一个劳动的两个方面,这表明具体劳动和抽象劳动是不可分割的,劳动只能是一个完整的过程。所谓具体劳动和抽象劳动的分割,只是在认识论意义上才成立,而这里的认识,正是抽象这种思维形式。马克思说

---

① 《马克思恩格斯文集》第5卷,北京:人民出版社2009年版,第61页。

过《资本论》的第一章，特别是分析商品的部分是最难理解的，还说关于价值形式的那一部分是非常难懂的，其中的缘由恐怕就是抽象思维对于人的智力上的挑战。

以上就是马克思运用抽象思维来分析商品价值的过程。不过马克思还表达过一个重要意思，即单纯凭借抽象思维还不能发现抽象劳动和价值。为什么这样说呢？让我们假设一下，如果凭借抽象思维就能够发现商品背后的抽象劳动和价值，反之，就无法发现商品背后的抽象劳动和价值，这只是表明了人们思维能力的缺陷。但是，在弥补了抽象思维的缺陷之后，就可以顺理成章地发现抽象劳动和价值吗？恐怕不是。马克思以亚里士多德对商品的分析为例，指出亚里士多德看出了不同商品在本质上的等同性，其中所表现出的抽象思维已经接近了对抽象劳动的发现。然而，"他到此就停下来了"，"没有能从价值形式本身看出，在商品价值形式中，一切劳动都表现为等同的人类劳动，因而是同等意义的劳动"[1]。亚里士多德为什么会在即将得出伟大发现的地方停下来了？原因不是他的抽象思维能力不够，而是他所处的希腊社会是以人们之间以及他们的劳动力之间的不平等关系为基础的，不平等的劳动关系自然不可能为亚里士多德抽象出劳动的"等同性"奠定条件，因而不是抽象思维能力的欠缺，而是"他所处的社会的历史限制，使他不能发现这种等同关系'实际上'是什么"[2]。在这里，马克思还提出一个认识商品价值的路径，甚至是比抽象思维更为根本的路径，即从后思索法："对人类生

---

[1] 《马克思恩格斯文集》第5卷，北京：人民出版社2009年版，第74—75页。
[2] 《马克思恩格斯文集》第5卷，北京：人民出版社2009年版，第75页。

活形式的思索,从而对这些形式的科学分析,总是采取同实际发展相反的道路。这种思索是从事后开始的,就是说,是从发展过程的完成的结果开始的。"① 这段论述非常重要,它告诉我们所谓对劳动的抽象思维,只有在商品经济十分发达、劳动之间的交换变得极其普通的时候才有可能,这也表明抽象劳动并不是在归纳各种具体劳动的基础上再进行抽象的产物,而是倒过来,首先是商品经济和劳动交换的历史发展使得一切劳动表现为某种抽象物(货币),然后人们的抽象思维根据这种抽象物才确定了抽象劳动的存在,这就是马克思所说的:"只有商品的价格分析才导致价值量的决定,只有商品共同的货币表现才导致商品的价值性质的确定。"② 抽象思维只是站立在历史的"完成的结果"上才能回过头去追溯到抽象劳动,这一点就说明运用抽象思维认识某种特定事物,需要具备一定的历史条件和历史基础,否则古代哲学家们就可以凭借抽象思维认识到我们今天才能认识清楚的商品价值问题了。

---

① 《马克思恩格斯文集》第5卷,北京:人民出版社2009年版,第93页。
② 《马克思恩格斯文集》第5卷,北京:人民出版社2009年版,第93页。

所有的劳动都是抽象劳动吗？

老师，您在课堂上说过抽象劳动是商品经济条件下的劳动才具有的，但是您在解释抽象劳动概念时，又是从各种具体劳动当中来解释的，我就在想，在古代，当时人们的劳动也有很多种，比如打铁的劳动、种地的劳动，这些具体的劳动肯定也都是劳动，但是您肯定会说这些劳动不是抽象劳动，为什么会不是抽象劳动呢？

同学，你问了一个很有水平的问题，首先要向你表示感谢，你的问题能够促使我思考其他的一些问题。关于你提到的两种观点，确实我都提到过。一个观点是抽象劳动是商品经济条件下的劳动才具有的劳动形式，另一个观点是抽象劳动在和具体劳动相对比的过程中才能把握到。你想问的问题是：在商品经济之前的历史时代，具体劳动已经存在，那么在和具体劳动相对比的过程中才能把握到的那个东西为什么就不能是抽象劳动呢？为了说明这一点，我将结合马克思的论述对第二个观点扩充一下，并且改变一下问题的形式，这样你表达的问题会更加具有针对性。

按照马克思的界定，抽象劳动是"无差别的人类劳动的单纯凝结，即不管以哪种形式进行的人类劳动力耗费的单纯凝结"①，既然是把各种形式的具体劳动都抽去，那么剩下的就是不再有什么差别的相同人类劳动，即抽象劳动，变成了马克思指出的"脑、肌肉、神经、手等等的生产耗费"，那么抽象劳动是不是可以出现在任何时代、任何条件下？对于这个问题，马克思没有直接的明确阐述，倒是有关于抽象劳动是一个"生理学上的真理"的表述，但是马克思很少分析前商品经济阶段的劳动，而是把分析重点放在了商品经济阶段，尤其是资本主义生产方式之下的劳动。那么，抽象劳动到底是生理意义上的劳动，从而存在于一切劳动形式中，还是社会历史意义上的劳动，仅仅存在于商品经济阶段的劳动中？是不是所有的劳动都是抽象劳动呢？

马克思关于抽象劳动和具体劳动有一段总结性的阐述："一切劳动，一方面是人类劳动力在生理学意义上的耗费；就相同的或抽象的人类劳动这个属性来说，它形成商品价值。一切劳动，另一方面是人类劳动力在特殊的有一定目的的形式上的耗费；就具体的有用的劳动这个属性来说，它生产使用价值。"② 在这段话中，马克思有一个关键性说明：抽象劳动形成商品价值。如果认为抽象劳动存在于一切劳动形式中，商品价值也就相应地存在于一切社会形式中，那么循此可以得出一个结论：原始人的劳

---

① 《马克思恩格斯文集》第5卷，北京：人民出版社2009年版，第51页。
② 《马克思恩格斯文集》第5卷，北京：人民出版社2009年版，第60页。

动、奴隶的劳动、农民的劳动都是抽象劳动、都形成着商品价值。不难看出，这一结论明显违背了马克思的本意。马克思当然能够注意到原始人、奴隶和农民的劳动都是人类劳动力的耗费，从他们的劳动中可以抽象出具有生理学特点的劳动，但是马克思从没有把这些劳动当作是抽象劳动，也不认为这些劳动能够形成价值。原因就在于古代和中世纪的劳动虽然与现代社会的劳动具有同样的生理学特点，但前者却因为不参与社会交换的过程，不是作为社会总劳动的一部分而存在，所以就总是私人的劳动，不是社会的劳动，而后者是在商品经济十分发达的条件下出现，是在相互交换的背景中作为社会总劳动的一部分而存在，所以是具有社会交换属性的劳动，而一旦参与到社会交换的过程中，就必然按照彼此相同的社会尺度来进行，这样所谓的抽象劳动就不仅仅是生理学意义上的规定，更为本质的是社会交换意义上的规定。"商品只有作为同一的社会单位即人类劳动的表现才具有价值对象性，因而它们的价值对象性纯粹是社会的，那么不言而喻，价值对象性只能在商品同商品的社会关系中表现出来。"① 在这里，马克思明确地阐述了关于抽象劳动和价值只能发生在"商品同商品的社会关系中"的观点，我们知道，这种意义的社会关系只是出现在商品经济十分发达的历史阶段，而不可能出现在自然经济占据统治地位的历史阶段。由此看来，马克思所说的抽象劳动有着非常具体的社会历史内涵，不能等同于生理学意义上的劳动，即不是所有的劳动都是抽象劳动，抽象劳动只是出现

---

① 《马克思恩格斯文集》第5卷，北京：人民出版社2009年版，第61页。

在商品经济的时代。为了进一步解释这一点，我想解释一个重要问题，即一般性的概念在怎样的条件下才能发展成为真正成熟的东西？

在《1857—1858年经济学手稿》中，马克思以"劳动一般"的例子说明过一个概念的意义在何种条件下才能表现为实际上真实的东西。从纯粹术语的角度，可以说古代和中世纪的劳动体现了"劳动一般"或抽象劳动，因为这些劳动作为具体形式的劳动，必定具有一切形式的劳动都具有的那些特征，即人类劳动力在生理学意义上的耗费，所以马克思才说它们作为"劳动一般"的表象是古老的。然而，这里的"劳动一般"只有非常狭隘的内容，只是作为生理意义的劳动一般存在着，根本没有表现出自己在社会历史领域中的充分的力量，所以马克思从不考察这种意义的"劳动一般"或抽象劳动。实际上，马克思在使用那些可以无条件适用于任何时代的概念的时候是非常谨慎的，时刻注意这些概念形式上的适用性与实质上的历史性之间的区别，总是揭示出概念意义的充分实现的历史条件。例如像"个人"这种概念，既适用于描述现代社会的人，又适用于描述古代社会的人，天底下的人不都是以个人的方式存在着吗？不过马克思指出这是"假象"，因为"我们越往前追溯历史，个人，从而也是进行生产的个人，就越表现为不独立，从属于一个较大的整体：最初还是十分自然地在家庭和扩大成为氏族的家庭中；后来是在氏族间的冲突和融合而产生的各种形式的公社中"。① 家庭、公社中的

---

① 《马克思恩格斯文集》第8卷，北京：人民出版社2009年版，第6页。

以理服人：大学生关心的马克思主义问题

人不是严格意义上的个人，而是由各种"人的依赖性"所团聚起来的人，把家庭和公社中的任何一个人驱逐出他曾经依赖的整体，那么这个人将会丧失生存的所有力量。从这个意义上看，古代的人实质是附属于某个整体的人，并不具备"个人"概念所具有的那些内涵。直到近代社会，像马克思所说的"18世纪的个人"，才真正展开了"个人"概念的充分意义，这是因为18世纪的历史条件已经发展到十分发达的社会关系的水平，人"一方面是封建社会形式解体的产物，另一方面是16世纪以来新兴生产力的产物"①，这样人就有条件成为脱离于某个整体也能够生活的"孤立个人"，因此，18世纪才实现着"个人"概念的充分的意义。这个道理同样适合抽象劳动，当资产阶级社会这个人类历史上最发达、最具多样性的生产组织发展起来后，抽象劳动这个只能在劳动交换越来越普遍、越来越容易的条件下得以发现的概念才能表现为"实际上真实的东西"。"在这里，'劳动'、'劳动一般'、直截了当的劳动这个范畴的抽象，这个现代经济学的起点，才成为实际上真实的东西。"② 所以，马克思总结说："哪怕是最抽象的范畴，虽然正是由于它们的抽象而适用于一切时代，但是就这个抽象的规定性本身来说，同样是历史条件的产物，而且只有对于这些条件并在这些条件之内才具有充分的适用性。"③ 至此，抽象劳动的社会历史内涵已经非常明显了。马克思把生理学意义上的人类劳动力耗费作为缺乏社会历史内涵的对

---

① 《马克思恩格斯文集》第8卷，北京：人民出版社2009年版，第5页。
② 《马克思恩格斯文集》第8卷，北京：人民出版社2009年版，第29页。
③ 《马克思恩格斯文集》第8卷，北京：人民出版社2009年版，第29页。

象而不纳入历史考察的范围，它只是在认识论意义上充当着抽象劳动概念的必要条件，本身并不具备抽象劳动概念的充分的意义。

以上就是我对于马克思的抽象劳动概念及其认识方法的说明，可能理解这些对于你来说有点困难，但是说句实话，要想真正理解马克思，绝不是一件简单的事情，不是背几句话、记住几个概念就可以的。马克思的思想是一种真正的思想；是一种需要进行不断思考、理解才能把握的思想，我想这才是马克思的思想区别于当今社会的心灵鸡汤的重要之处，同样也是一系列庸俗理论无法成为思想的重要之处。

个人为什么会受到抽象的统治？

在马克思的手稿中有这样一段话,"个人现在受抽象统治",老师您上课时解释过,不过我还是不太明白。您以前说抽象是人的抽象思维方式,但是我想这里的抽象应该不是指人的抽象思维方式,那么这里的"抽象"到底是指什么?为什么个人会受到抽象统治,而不是受到政治、经济的统治?

同学,你的问题实际上反映了很多人在读到马克思这句话时的不解。因为我们通常都是说,个人受到了政治、经济、文化乃至其他方面的统治,从来都不说个人受到抽象统治,而且个人到底是怎么会受到"抽象"这个东西的统治呢?这一点理解起来有点困难。你说得很对,这里的抽象不是指人的抽象思维方式,而是指人与人之间物质的、客观的关系,用马克思的话来说,就是"抽象或观念,无非是那些统治个人的物质关系的理论表现"①。当然这样说,你也许又要问,人与人之间的这种物质关系是什么?为了解释清楚这个问题,我倒是想先把马克思提出"抽象统治论"的缘由说一下,然后再来说一下"抽象统治"是怎样发生的以及为什么会发生。

先让我们来设想一个最常见的场景,即在商品经济中,生产活动和交换活动可以说都是有目的、有意识的活动,然而悖谬的是,一个商品被生产出来并被投入到交换系统中,并不以生产者或交换者的意志为转移,而是被某个"看不见"的东西所支配和控制。例如,是生产上衣还是生产袜子更能换来交换价值,不取决于"我"的意志,而取决于有别于"我"的意志的另外的存在;生产的上衣能够换来多少交换价值,也不取决于"我"的努力,而取决于独立于"我"的努力的另外的东西。明明是人的生产活动,却不以人的意志为转移,这意味着人们活动的社会性质表现为对个人是异己的东西,而个人只有从属于这些关系,才能获得自己的生存条件,马克思把这种不以人的意志为转移并且进一步支配人和控制人的现象称为"个人现在受抽象统治"。"个人现在受抽象统治,而他们以前是互相依赖的。"② 这就是马克思提出的"抽象统治论"。不过马克思不是直接地提出该命题的,他首先是批判了"思想统治论",然后才提出了"抽象统治论"。"思想统治论"认为,人们的活动受到了人们自己的观念、意识、思维等思想的支配和控制,因此是思想统治着人们。乍一看上去,这一命题很合理,因为人们的活动总是受着某

---

① 《马克思恩格斯文集》第8卷,北京:人民出版社2009年版,第59页。
② 《马克思恩格斯文集》第8卷,北京:人民出版社2009年版,第51页。

种观念、意识或思维的指导，所以人们受到思想的统治是再合理不过的事情了。再看一下历史上，人们要么受到等级、特权、王权思想的统治，要么受到尊卑、宗教、皇权思想的统治，要么还会受到迷信、风水思想的统治，再看一下今天的社会，人们要么受到民主、自由思想的统治，要么受到法治、科学思想的统治。总之，人们受到的统治总是以某种思想的形式体现出来，所以"思想统治论"自古以来就很有市场。然而，马克思指出"思想统治"只是一种假象，在思想获得表面上的统治背后，个人实际上受到了抽象的统治。

马克思分别从认识论和存在论的角度分析了"思想统治论"的产生根源。首先是"思想统治论"的认识论根源。马克思指出："在哲学家们看来关系＝观念。他们只知道'人'对自身的关系，因此，在他们看来，一切现实的关系都成了观念。"[①] 由于现实的关系不是可见的实体性存在，它只能通过观念和意识表现出自身，因此在谁是统治者的问题上，就特别容易滑向思想统治论。"关系当然只能表现在观念中，因此哲学家们认为新时代的特征就是新时代受观念统治。"[②] 马克思没有止步于对思想统治论的认识论探源，而是深入到它的存在论基础上去进行深层审视，这就是存在论根源。马克思指出思想统治论的错误来自人们物质活动方式和社会关系的"狭隘性"。"这些观念都是他们的现实关系和活动、他们的生产、他们的交往、他们的社会组织和政治组织有意识的表现，而不管这种表现是现实的还是虚

[①] 《马克思恩格斯文集》第1卷，北京：人民出版社2009年版，第585页。
[②] 《马克思恩格斯文集》第8卷，北京：人民出版社2009年版，第59页。

幻的。……如果这些个人的现实关系的有意识的表现是虚幻的，如果他们在自己的观念中把自己的现实颠倒过来，那么这又是由他们狭隘的物质活动方式以及由此而来的他们狭隘的社会关系造成的。"[1] 那么，这些"狭隘的物质活动方式"和"狭隘的社会关系"是什么呢？马克思在《1857—1858年经济学手稿》中他指出这些狭隘的东西是人对"物的依赖关系"，相比于人"对人的依赖关系"，"物的依赖关系"使得人更加自由和更加独立，人们可以摆脱血缘和地域差别而自由地发生社会接触，但是"物的依赖关系"并没有消除依赖关系，它只是把原来的对特定人的依赖变成了对所有人的依赖，使得依赖关系普遍化，从而抽象化了。因此，对于个人而言，"物的依赖关系"只是表示与个人相对立的独立的社会关系的体系，个人对于这个体系只能是服从，即服从"看不见"的"盲目必然性"对于自己的统治。回到一开始的那个场景，商品经济中生产活动和交换活动被某个"看不见"的东西所支配和控制，这个"看不见"的东西正是商品生产者和交换者之间形成的以物的依赖关系为基础的人与人之间的社会关系，这里的"物"的典型代表便是商品、货币。由于这些关系不是肉眼能够直接看到的，相反它们表现在且只能表现在观念上，例如像拜金主义、消费主义、拜物教等诸如此类的观念，所以就很容易形成"观念统治个人"的情况。经过上述分析，我们就能发现思想统治只不过是一个表面现象，在思想统治个人的背后，实质上是一定的物质关系在统治着个人，即抽象统

---

[1] 《马克思恩格斯文集》第1卷，北京：人民出版社2009年版，第524页。

治着个人。

抽象统治个人反映着个人从属于以抽象劳动为核心的普遍交换和社会生产的事实，个人只有以自身的活动和产品参与社会的普遍劳动交换，将个人的活动和产品转化为社会总劳动的一部分，个人才能够获得生存的条件，但在现象上，个人的存在只能通过商品这一物的形式来实现，个人与社会的关系被反映成物与物之间的关系，这就是人对物的依赖关系的根基。接下来有两个问题：一是个人受他人的特定限制是如何过渡到个人受抽象的普遍统治的，即抽象统治是怎样发生的？二是个人受抽象统治是通过什么途径实现的，即抽象统治为什么会发生？

就第一个问题来看，马克思认为人类社会的发展本质上是物质生产的发展史，从个人受特定的统治向个人受抽象的统治的过渡是在物质生产发展的一定阶段上必然要出现的现象。当物质生产力水平还极其低下时，单个人必须要在某个血缘共同体中才能劳动和生存，而且人们生产的产品除了供自己消费之外基本没有剩余，这个时候就无法产生物与物的交换关系，因此抽象和抽象统治也就无法产生。随着物质生产力的发展，人们在消费之外还剩余了一些产品，即剩余产品，而且人们会相互交换各自的剩余产品，以便调剂余缺。此时物质生产的目的开始发生变化，即从以消费为目的变成了以交换为目的，这一变化的实质是从以人为目的变成了以物为目的，它意味着物脱离了为人服务的人化性质，开始转变为独立于人、不受人控制和支配的抽象财富了。财富一开始表现为消费资料，后来表现为享受资料和奢侈品，再往后来表现为货币乃至资本，而垄断了财富就能够控制和支配生产者，这必然导致了人与人之间关系的抽象：人们的社会关系表现为对物的追逐、占有和争夺，只不过这些追逐、占有和争夺的活动，一开始还没有表现为彻底的、普遍的抽象，特权群体还能够以自己的意志直接地支配物，人与人的关系还是以人的身份关系表现出来的。"在这种情况下，真正的交换只是附带进行的，或者大体说来，并未触及整个共同体的生活，不如说只发生在不同共同体之间，绝没有征服全部生产关系和交往关系。"① 用中国的古话说，是"普天之下，莫非王土；率土之滨，莫非王臣"；用马克思的话说，便是："每一个农奴都知道，他为主人而耗费的，是他个人的一定量的劳动力。缴纳给牧师的什一税，是比牧师的祝福更加清楚的。所以，无论我们怎样判断中世纪人们在相互关系中所扮演的角色，人们在劳动中的社会关系始终表现为他们本身之间的个人的关系，而没有披上物之间即劳动产品之间的社会关系的外衣。"② 这样一种社会被马克思称为以人的依赖关系为基础的社会，换句话说，就是个人还受着来自他人的特定限制、抽象尚未占据统治地位的社会。随着物质生产力的进一步发展，即到了资本主义生产阶段，人身的、具体的关系越来越被普遍的、抽象的关系所取代，"家长制的，古代的（以及封建的）状态随着商业、奢侈、货币、交换价值的发展而没落下去，现代社会则随着这些东西同步发展起来"③。任何人都不再能够凭借自己的身份来获得财富，人们只能通过商品交换才能够获得自己

---

① 《马克思恩格斯文集》第8卷，北京：人民出版社2009年版，第53页。
② 《马克思恩格斯文集》第5卷，北京：人民出版社2009年版，第95页。
③ 《马克思恩格斯文集》第8卷，北京：人民出版社2009年版，第52页。

以理服人：大学生关心的马克思主义问题

想要的任何东西，商品交换已经成为经济结构的普遍形式和广泛基础，人对物的抽象依赖关系彻底取代了人对人的特定依赖关系，于是人们的注意力完全地转向了物，此时物与物的关系才能够掩盖人与人的关系，抽象终于成为人们发生社会关系的主要途径。换句话说，在任何一个时代，个人都是从自己出发开展一定的活动，但只有在商品交换原则成为社会关系的基础结构时，人们的社会关系才表现出物的自然属性，尤其是在货币产生之后，社会关系在物的形式上固定下来。参与社会活动的个人当然能够获得自己想要的东西，但这是以物的形式获得的，是"以物的依赖性为基础的人的独立性"，这意味着物的依赖关系取代了人的依赖关系，此时人们普遍而不自觉地崇拜物，这就是抽象统治的发生。

就第二个问题来看，需要结合传统社会的统治途径来加以说明。在传统社会，个人受到的统治表现为特定人对特定人的统治，被统治者能够轻易地分辨出统治者的存在和身份，比如在一个君臣关系、君民关系结构中，君主的变化会带来极为不同的君臣关系和君民关系，这些变化以当事人的意志为转移，具有突出的当事人色彩，这就表明此时的社会关系尚未变成抽象关系，人们意志活动的空间还非常大，彼此不以物（金钱）的形式发生关系。但是在现代社会，即商品交换原则占据统治地位的社会，已经不存在身份上的附属和人格上的依附，也不存在肉体上的强迫和等级上的限制，至少在表面上每个人都享有自由和平等的权利，那么统治个人的现象是不是就消失了呢？当然不是，没有特定的统治者只是意味着统治关系变得普遍化了，"这些外部关系并未排除'依赖关系',它们只是使这些关系变成普遍的形式"①。因此,关键的问题就在于找到抽象统治实现为"普遍形式"的具体途径。在我看来,这个具体途径正是交换价值。为交换价值而生产是资本主义生产方式的根本特征,本来满足人的生存和生活的需要是任何生产得以展开的基础,人们的劳动创造出使用价值就是为了满足这样的需要,但是资本主义生产却颠倒了这一切,它发动生产的目的不是创造使用价值来满足人的需要,而是为了获取交换价值,追求交换价值本身的量的增大。这样,生产的性质就发生了变化,原来为使用价值而生产从而以人为目的的生产,变成了为交换价值而生产从而以物为目的的生产,使用价值被迫屈从交换价值,交换价值取得对生产的统治地位。伴随着这一过程,交换价值内含着的交换关系日益成为人与人之间关系的核心内容,成为人们社会接触的内在条件。就此而言,无论是货币也好,拜物教也好,指向的都是同一个情况:人们的社会关系日益成为以交换为特征的货币关系。"毫不相干的个人之间的互相的和全面的依赖,构成他们的社会联系。这种社会联系表现在交换价值上。"② 相对于传统社会戴着人的面具的统治者,现在的统治者已经面目不清了,因为以交换价值为基础的社会关系对任何个人都是平等的,马克思说"商品是天生的平等派和昔尼克派",③ 这种规定尤其适用于交换价值。既然大家都是平等的,那么统治自然也就消失了。然而这是假象。交换价值在破除

---

① 《马克思恩格斯文集》第8卷,北京:人民出版社2009年版,第52页。
② 《马克思恩格斯文集》第8卷,北京:人民出版社2009年版,第51页。
③ 《马克思恩格斯文集》第5卷,北京:人民出版社2009年版,第104页。

以理服人：大学生关心的马克思主义问题

人的依赖纽带、血统差别、教养差别等之后，又同时建立起了人们相互间以物的形式为中介的全面依赖，建立起了每个人对每个人的"普遍的效用关系和适用关系"。交换价值造就的社会关系对个人来说仍然是异己的、独立的东西，它只是证明："个人还处于创造自己的社会生活条件的过程中，而不是从这种条件出发去开始他们的社会生活。"① 这就是说，对个人的自由生活而言，建立在交换价值基础上的抽象统治人的现象仍然是一个消极的、需要被否定和批判的事实。所以，对于这样一种商品经济及其之上的社会，马克思持批判态度就不难理解了。

以往有些同学总会问我，为什么马克思预言的共产主义社会就没有商品经济了？简要来说，商品经济会造成抽象统治个人的情况，使得个人无法彻底解放出来，所以共产主义社会一定会超越商品经济，从而造就一个人们自己管理自己、自己"统治"自己的社会状态。

---

① 《马克思恩格斯文集》第8卷，北京：人民出版社2009年版，第56页。

实践如何能够合理地解决理论解释的神秘主义？

《关于费尔巴哈的提纲》第八条是：全部社会生活在本质上是实践的。凡是把理论引向神秘主义的神秘东西，都能在人的实践中以及对这个实践的理解中得到合理的解决。老师，您能不能用具体的例子来说明一下呢？

《关于费尔巴哈的提纲》（以下简称《提纲》）一共由十一条内容构成，这十一条内容虽然具有独立性，但它们是相互联系的统一整体，通篇贯穿着一个核心思想，如果不依据这个思想，那么我们就很难真正地理解其中的任何一条内容，这就是恩格斯在《路德维希·费尔巴哈和德国古典哲学的终结》的序言中指出的这份《提纲》是"包含着新世界观的天才萌芽的第一个文件"[1]。

---

[1] 《马克思恩格斯文集》第4卷，北京：人民出版社2009年版，第266页。

"新世界观"便是《提纲》的核心思想,具体而言,它是指马克思以实践为出发点、归宿以及根本视角的世界观。

相比于以往的唯心主义和旧唯物主义的世界观,马克思实践世界观的根本特征是从人的实践活动的视角去考察自然界、人类社会及其历史,从人的实践活动出发去理解和解释所有的理论和观念,这就改变了以往哲学家总是根据某种永恒不变的理念、精神等本体来理解世界的方式。马克思之前的哲学家有一种根深蒂固的信念:千变万化的事物背后有一个终极的本质,哲学的目的便是寻找变动不居的现象世界背后永恒不变的本质,只要追寻到后面的那个本质性的存在,就找到了打开世界一切奥秘的密码和钥匙。正是基于这种认识,西方一大批哲学家孜孜不倦地寻找现实世界背后的那个本真、绝对的本体,并且从它出发来解释千变万化的现实世界。例如柏拉图曾经举过这样一个例子,有许多个体的动物,我们对它们都能够真确地说"这是一只猫"。我们所说的"猫"这个字是什么意义呢?显然那是与每一个个体的猫不同的东西。一个动物是一只猫,看来是因为它分享了一切的猫所共有的一般性质。没有像"猫"这样一般的字,则语言就无法通行,所以这些字显然并不是没有意义的。但是如果"猫"这个字有任何意义的话,那么它的意义就不是这只猫或那只猫,而是某种普遍的猫性。这种猫性既不随个体的猫出生而出生,而当个体的猫死去的时候,它也并不随之而死去。事实上,它在空间和时间中是没有定位的,它是永恒的"猫"。柏拉图就把这种永恒的"猫"称作猫的理念,与此同理,同样有狗的理念、猪的理念、树的理念、人的理念等等,所有这些理念构成了理念世界，而理念世界就是现实世界背后的那个本真、绝对的本体，就是现实世界的永恒基础和终极根据。由此，柏拉图开始从理念世界出发来理解和解释现实世界，形成了他的著名的理念论哲学。在柏拉图之后，亚里士多德、阿奎那、笛卡尔、莱布尼茨、黑格尔等哲学家纷纷提出了自己所认为的那个本体，虽然每个哲学家的所谓的"本体"互不相同，但这些哲学家往往轻视或忽视人们所生活于其中的现实世界，认为现实世界都是变动不居的、不值得重视的，同时极端地重视超验世界、先验世界，认为现实世界是超验世界和先验世界的派生物而已。马克思在《提纲》中所批判的正是以上本体论哲学家理解世界的方式，在马克思看来，作为一切理论的最终原理、作为现实世界的基础和根据的恰恰不是理念、精神等本体，而是人的实践活动。仍然以柏拉图视角中的猫为例，猫之所以成其为猫，绝不是什么有一个猫的理念先验地存在，然后这个理念再派生出现实世界的猫——恐怕没有哪个养猫的人认为是猫的理念生出了自己的猫吧，每个养猫的人都会自然地认为是自己的喂食活动养活了猫，也就是说，是从人的实践活动的视角看待猫的产生和存在，人的实践活动才是符合事物的本来面貌的视角，这一视角正是《提纲》借以重新看待现实世界的世界观。

现在我们可以回到你的问题：用具体的例子来说明实践如何能够合理地解决理论解释的神秘主义。你会发现，当柏拉图用猫的理念来解释现实世界的猫的产生和存在的时候，柏拉图的解释就带有一种神秘主义的特征。柏拉图认为现实的猫是由先验的猫产生的，先验的猫到底是什么样的？先验的猫产生现实的猫的过程是如何进行的？……柏拉图也只能去想象和猜测。实际上，柏拉图的理念论具有强烈的主观臆造的特征，即虚假性，越是把一个本来极其简单的过程描述成非常复杂的过程，那么就越是陷入幻想和虚假，就越是以一种故弄玄虚的神秘气氛把别人绕进自己所构造的理论圆圈中，这就是神秘主义。而克服理论的神秘主义以及把理论引向神秘主义的东西，只能是现实的、活生生的而且是每天都在发生的人的实践活动而已，不是那些虚无缥缈的理念和精神在背后决定着现实世界的一切，而是人们每日每时的最为切近的实践活动正在真实地改造着和创造着我们的现实世界。当我们能够从人的实践活动的视角再来考察现实世界时，很多原来从理念、精神等神秘主义的视角出发解释的东西的奥秘才会真正地向我们敞开，这才是符合客观实际的"唯物主义"认识，所以，"实践"和"唯物主义"是内在相通的。如果不能以实践的视角考察事物，那么我们的认识就不会达到唯物主义的水平，这就是为什么马克思在《提纲》一开始就不仅批判唯心主义而且尖锐地批判旧唯物主义的原因，因为以费尔巴哈为代表的旧唯物主义没有从人的实践活动的视角去理解现实世界，没有从人与现实世界的根本性的实践关系角度去解释现实世界，这与唯心主义考察世界的方式——世界观是相同的。马克思通过批判旧唯物主义和唯心主义的世界观，确立了自己的实践的世界观，由此才开始了对整个西方传统哲学的革命性变革。

唯物论和唯心论能折中吗？

老师，现在通过马克思主义哲学的学习和您的课程，我开始觉得原来一旦着手去做，哲学也不是那么难以学习的。这一点，我真心感谢能够遇到老师给我指导，能让我的思维片段更容易形成系统的思路解释问题。

我还有一个问题想问您，如果说唯物论是以时间为优先而唯心论是以逻辑为优先的话，由于时间和逻辑并不是完全相悖的，它们存在着很多共同之处，那么我们认识世间万物的方式难道就不能存在一种折中的方式，或者说是否有更能调和这些矛盾的学说存在呢？

很难得你能对哲学问题关注很久，因为在我们这样一个不乏功利和浮躁的当代社会，似乎很少有人对不能带来现实利益的哲学感兴趣了。如果我上的课能对你有一些启发作用，这当然很让我高兴。不过需要注意的是，学习哲学并不是一件容易的事情，

以理服人：大学生关心的马克思主义问题

当很多人"着手去做"的时候，哲学本身的艰深晦涩会使很多人望而却步，转而去寻求一些廉价的替代品，例如人们对于丹的论语心得趋之若鹜，但有多少人会静下心来真正地读一读论语原著呢？课堂上出于教学的要求和同学们的知识基础、认识水平，我力求将复杂的哲学问题转化成相对通俗易懂的日常问题，但这样做希望不要导致这样的一种认识：哲学就是我课堂上所讲的那些内容和那样一些形态。实际上，哲学本身的内容和形态要远比我所讲的复杂得多，也艰深得多，我所讲的也只不过是哲学汪洋大海中的九牛之一毛。在你学有余力的前提下，希望你能把我的课堂讲授当做一个学习的引子。如果在你自己专业学习得到保证的情况下你还对哲学有兴趣，那么你可以从哲学史入手，选取历史上的一位哲学家（不一定是唯物主义的哲学家），理解和把握他所提出的哲学问题，能实现这一步就已经很难了。凡是真正的哲学问题，一定都是相通的，从某个哲学问题出发便可以触类旁通，兼及其他哲学问题及其哲学家，从而实现对整个哲学史的把握，能做到这一点就已经是一个哲学工作者的毕生事业了，至少我距离这一点还很遥远。

唯物论是以物质相对于意识的时间优先性作为自己的依据，唯心论是以意识相对于物质的逻辑优先性（即认识过程中的优先性）作为自己的依据。不过要注意的是唯物论和唯心论的划分依据，或者说它们的本来含义，仅仅是对世界本原问题的不同回答，它们没有任何别的意思。恩格斯是这样来阐述唯物论和唯心论的划分依据的："哲学家依照他们如何回答这个问题而分成了两大阵营。凡是断定精神对自然界来说是本原的，从而归根结底承认某种创世说的人（而创世说在哲学家那里，例如在黑格尔那里，往往比在基督教那里还要繁杂和荒唐得多），组成唯心主义阵营。凡是认为自然界是本原的，则属于唯物主义的各种学派。""除此之外，唯心主义和唯物主义这两个用语本来没有任何别的意思，它们在这里也不是在别的意义上使用的。下面我们可以看到，如果给它们加上别的意义，就会造成怎样的混乱。"[1] 恩格斯的论述提示我们唯物论和唯心论的问题域仅仅是"谁是世界的本原"，而"谁是世界的本原"的本来意义是指谁在"时间上"先于对方产生，而不是谁在"逻辑上"先于对方产生。就此而言，唯物论坚持认为的自然界是本原、意识和精神是派生物的观点是对"谁是世界的本原"的正确回答，而唯心论的回答却把意识的逻辑优先性当成了时间上的优先性，犯了层次混淆、范畴替代的错误。因此，"时间优先"和"逻辑优先"是两个不同层次、不同范畴的问题，自然无法折中和调和。

在我看来，学习哲学的一个重要意义便是把那些本来处于两个层次和范畴但又很容易混淆的事物恰当地区分开，以此揭示各种事物的真实面貌，这样才有利于人们更深刻、更全面地把握事物，而这些也正是锻炼思维能力的一种有效方法。当然我这样说，并不是反对综合各种观点，而是想说明：综合应当建立在分析的基础上，如果我们对事物之间的层次和区别还没有搞清楚，那么对事物的综合就往往不会成功，这种综合也会变成一种表面和虚假的综合。所以，如果我们能够分清唯物论和唯心论的层次

---

[1]《马克思恩格斯文集》第4卷，北京：人民出版社2009年版，第278页。

和范畴，那么才能更清楚地看到两者的各自特点，唯物论的特点是正确地把握了物质的时间优先性，而唯心论的特点是深刻地把握了意识的逻辑优先性，两者对于人们把握物质世界和意识活动、客观世界和主观世界都具有重要的意义，所以要吸取两者的合理成分，共同服务于人们认识世界的过程。

唯心主义是无法被证明和被推翻的吗?

我是一个唯物主义者,相信意识是客观实在的反映,但是我觉得唯心主义者所谓的精神影象(mental images)是无法被证明也无法被推翻的。我们的一切感知来源于我们的意识,但是我们怎么能判断意识是来源于物质而不是脱离物质而独立存在的?希望您能为我解惑。

你提了两个问题:一是唯心主义者所谓的精神影象是否能被证明和被推翻,当然你认为是无法被证明和被推翻的;二是怎样判断意识是来源于物质,而不是脱离于物质独立存在。我分别回答,供你参考。

首先是第一个问题。唯心主义有很多派别和人物,我们最好选一个突出代表。比如我在课堂上给同学们讲过的柏拉图的理念论。柏拉图是一个典型的唯心主义者,他所谈的理念就是你所说的"精神影象"。在柏拉图看来,理念不是现实世界中的事物,不是我们感官能够把握到的桌子、猫、笔等等，而是桌子、猫、笔得以存在的根据，所谓的具体事物只不过是这些理念的派生物，先有了桌子的理念，然后人们根据这样的理念才制造出了桌子，理念是无形、不可感但可知的，由此人们才能够根据理念来"制造"各种各样的现实事物。但问题是：桌子的"理念"真的存在吗？柏拉图也没有回答出"理念"从何而来，所以他认为理念只能是先天具有的，是无法探究其产生根源的。如果我们像柏拉图一样认为理念确实存在，我们也回答不出"理念"到底从何而来？这就像你指出的"精神影象"无法被证明和被推翻，我想这可能是你想要表达的意思。不过我需要指出的是，理念实质上是人对于各种现实事物的抽象的概念性认识，而不是具体事物得以产生的根源。所以当柏拉图认为把握住了理念，就把握住了贯穿在现实事物中的一般性本质的时候，他是正确的，但是当他继而把这种一般性本质当做是现实事物的来源的时候，他是向前迈了一步，但却是错误的一步，也就是说他把人们认识事物的方式——用概念来把握事物的方式，实际上人只能够以概念的方式来把握事物——当成了事物产生的根源，即把意识对于物质的"逻辑优先性"夸大为意识的"时间优先性"了。从这个意义上说，当我们认清了所谓的理念的本质之后，我们也就能够证明乃至推翻它们了。不知你发现没有，如果你顺着唯心主义的思路走下去，你就既无法证明也无法推翻这些被唯心主义所设定的东西，但是如果能够跳出唯心主义的思路来看待这些思路，它们的虚假性就凸现出来了。

其次是第二个问题。我们所说的"物质"不是指的某种具体的物质形态，不要把物质理解成一种实体化的东西，实体化的东西可感、可触，而物质只不过是对各种实体化的东西的根本性质的抽象而已，即各种实体化的东西的客观实在的性质，我们把这种性质称作物质，所以物质只不过是客观实在的同义词。我们所说的"意识"是人的意识，通俗地说就是人们的各种各样的感觉、思维、认识等。物质和意识概念厘清之后，就可以解决这个问题了。首先，意识是人的大脑的产物，无论意识多么复杂，都始终脱离不开人的大脑这一载体，那么人的大脑是什么呢？大脑无非是一种物质性的东西，即具有客观实在性质的东西，而绝不是人的意识本身。我想说的是从载体这个角度，可以发现意识来源于物质。其次，意识就其内容来说无不是客观实在的反映。你会发现，无论是西方人的"上帝"还是中国人所说的"鬼"，其原型并不是先天的，而是人的模样的变形而已，都是人们根据自身的形象、形态、言行等"制造"出了这些所谓的"精神影象"，精神影象其实来源于客观实在的世界。再次，假如认为意识能够脱离于物质而独立存在，那么我们可以问一个问题：这种独立存在的意识是如何产生的？这就又回到了第一个问题上去了。

社会科学的客观性是怎么体现的？

老师，我想问一个关于社会科学的客观性的问题。我觉得所有的研究，只要参与了人的因素，总归会有主观的成分，就算是自然科学，我们也不能保证我们的主观认识是正确的，虽然这是对自然的客观现实的认识。自然科学的发展是十分曲折的，我们原先笃信的许多认识随着科学的发展最终又被定格为错误，而谁又能说我们现在的认识是正确的呢？这样看来，我们又何尝不能把社会科学所研究的人类社会作为一种客观现实，虽然这些客观现实的规律是基于人们的主观行为。不知我的看法对不对？

社会科学相比于自然科学，体现出更多的主观性和人为性，这就给很多人认为社会科学没有客观性留下了发挥的空间，这里面有一个如何理解客观和主观的问题。

首先，从来不存在没有任何主观因素的绝对客观的事物，只有客观和主观相融合的事物。一个无论看起来多么客观、不受人为影响的事物，都已经先在地受到了人们看待它的视角的影响。一个不被人关注的事物是不成其事物的，从这种意义上说，人的主观参与是任何事物成其为自身的必要条件，不管这个事物是自然科学的研究对象，还是社会科学的研究对象。例如，只有对人的意识而言，水才显示出水的全部属性和功能，即水才真正成其为水，而一只无论多么聪明的猴子，当它只会拿木桶里的水来灭火，而不知道取池塘里的水来灭火的时候，这说明猴子是无法真正理解水这种事物的。所以，马克思才说："凡是有某种关系存在的地方，这种关系都是为我而存在的，动物不对什么东西发生'关系'，而且根本没有'关系'；对于动物来说，它对他物的关系不是作为关系存在的。"①

其次，不要将主观等同于错误。虽然你正确地看到了自然科学的主观性，但是你提出的理由不是很充分。自然科学的主观性和自然科学犯下的错误既有联系又有区别，前者是指自然科学的根本属性和存在条件，没有人的主观意识，就不会有自然科学，即人的主观性是自然科学得以生成的基础和自然科学始终具有的性质；后者是指自然科学在探索自然过程中凸显出来的局限、片面、虚假等方面的因素，这些虽然也总是伴随自然科学，但不是自然科学不可克服的因素。具体而言，错误体现了自然科学的主观性的一面，但不是其主观性的全部，主观性是自然科学的永恒基础，而错误则是自然科学需要克服的方面。

---

① 《马克思恩格斯文集》第1卷，北京：人民出版社2009年版，第533页。

再次,社会科学客观性的体现方式。与自然科学相比,社会科学的研究对象是人类社会的各种规律。不过要注意的是,人类社会之中的人不是单个的人,而是指组成一定群体形式的人,例如集体、组织、国家、全球等。即使社会科学研究的直接对象是单个人,但研究的指向和目标也是要得出适用于至少两个人以上的某一群体的规律,一旦涉及群体,这就有了不随单个人意志为转移的客观性,即使是不同个体组成的群体,群体与群体之间总有相似和一致的方面,也总有不一致的方面,这些方面正是社会科学竭力所研究和把握的。请看恩格斯的这段论述:"历史是这样创造的:最终的结果总是从许多单个的意志的相互冲突中产生出来的,而其中每一个意志,又是由于许多特殊的生活条件,才成为它所成为的那样。这样就有无数互相交错的力量,有无数个力的平行四边形,由此就产生出一个合力,即历史结果,而这个结果又可以看做一个作为整体的、不自觉地和不自主地起着作用的力量的产物。因为任何一个人的愿望都会受到任何另一个人的妨碍,而最后出现的结果就是谁都没有希望过的事物。所以到目前为止的历史总是像一种自然过程一样地进行,而且实质上也是服从于同一运动规律的。"① 人类历史虽然是由无数单个人的自由意志的活动构成的,但当这些单个人的意志"遭遇"到一起的时候,那么人类历史就不再以单个人的意志为转移,这就意味着人类历史有着属于自己的客观规律,而能否无限地逼近并把握这个客观规律就成为判断社会科学客观性的根本尺度。

---

① 《马克思恩格斯文集》第10卷,北京:人民出版社2009年版,第592—593页。

哲学是幸福的,还是痛苦的?

在我看来,哲学探讨的更多的是人的终极关怀问题,通过哲学思考,我们会更加通彻明达,以便达到幸福。然而,也有很多人说哲学是一门痛苦的学科。我想听听您的见解。

哲学之中有很多流派,不同流派对哲学的定义和功能的认识是不同的,甚至截然相反。像你说的追求幸福的哲学只是哲学之一种,比如亚里士多德哲学,而不是哲学之全部。也有一些哲学的痛苦色彩浓厚一些,比如叔本华哲学。要想体会哲学的功能,一个方便的途径便是回到哲学的源头去考察。不管是西方哲学,还是中国哲学,两者都认可的一个观念是:哲学本质上是爱智慧,哲学便是对智慧的无功利的、纯粹的爱。但是,爱智慧和追求智慧总要通过一定的载体、途径和方式,即智慧总要附着于某些可说可见可感的物才能实现,比如要掌握处世的智慧,总要进入到具体可感的人和事当中才能掌握,这个过程便有了知识。智慧虽然和知识很接近,但绝不等同于知识。知识是可以学习的,但智慧是无法直接由学习得来的;知识是有形的,智慧是无形的;知识体现为概念、原理、定理、结论等,智慧只能体现在人们现实的实践活动中。智慧有点像老子说的"道","道可道,非常道",凡是人们能够说出来、照着去做的东西,就已经不是智慧了,而变成了知识,智慧只能体悟和践行。这也就意味着,哲学不过是探讨如何使人更智慧的学问,而智慧只能由当事人自己在实践活动中去体会和习得。在这个过程中,一方面一个人懂得越多,他能够参悟到事物的不同侧面就会越多,他体验到的事物的矛盾和悖谬就会越多,这样他往往会比其他人更多地体验到事物施加于他的思维的拉扯、碰撞、摩擦和打磨,所以他在精神上容易表现出"苦恼""冲突"乃至"痛苦"的特征,就像难得糊涂的道理一样;另一方面越是有智慧的人往往会追求更有智慧,因为他体会到了智慧的价值,然而追求智慧的过程是曲折的、复杂的,这其中他要忍受许多的精神上的煎熬和思维的挑战,这也容易表现出"痛苦"的特征。

总之,我觉得真正的哲学都是智慧之学,这样的哲学容易让人体验痛苦,但不管是痛苦,抑或幸福,都不是哲学要实现的最高目标,哲学的最高目标无非就是哲学的自我本性:爱智慧,这一目标永远是开放的、未竟的、向着未来的,因此它也吸引了古往今来无数的人们投身于哲学的事业当中。

第二章

熟知非真知

第二章

桌子是不是"物质"？

课上老师问过我们"桌子是不是物质"，开始没有太在意，我觉得这是个很明显的问题，桌子怎么能不是物质呢？它不是确实存在吗？但是老师最后解释，"桌子不是物质"，"桌子是物质的具体形态"，"物质是人们对客观事物根本性质的一种抽象"，等等。然后我在想，诸如此类，那是不是说"苹果是水果"这个命题也是错误的。因为没有任何一样东西叫做"水果"，水果只是一个抽象的概念，而苹果应该只是水果的一种才对。如此严格看来，是不是生活中我们很多类似的说法都是错的呢？

你提了一个非常有价值的问题，即如何理解"个别与一般""个性与共性"以及如何理解"是"的问题，这个问题是我在给同学们提问"桌子是不是物质"的时候没有深入思考过的，你的问题激发了我的思考，首先谢谢你。

我之所以向同学们提问"桌子是不是物质"，主要目的是通

以理服人：大学生关心的马克思主义问题

过"物质"和"物质具体形态"的区别来帮助同学们理解"物质"这个概念，以便更好地从本来的意义上来理解物质。我在课堂上明确地向同学们说明"桌子不是物质"，是为了让同学们对以往的物质概念有一个反思，从而达到对"物质"的科学理解水平。但是通过你的问题，我发现我在不经意中犯了一个错误，即片面夸大了"桌子"与"物质"之间的区别（尽管这种区别是客观存在的），抹杀了"桌子"与"物质"之间的联系。为什么这样说呢？桌子是物质的具体形态，桌子与物质之间是个别与一般的关系、个性与共性的关系，尽管桌子不等同于物质，但是脱离了物质具体形态的物质是不存在的，物质无非是通过桌子、椅子、苹果等诸多的物质具体形态才获得自身的存在的，或者说物质无非是通过物质具体形态才得以存在。对此问题，黑格尔曾经讲过一个故事："一个患病的学究，医生劝他吃水果，于是有人把樱桃或杏子或葡萄放在他面前，但他由于抽象理智的学究气，却不伸手去拿，因为摆在他面前的，只是一个一个的樱桃、杏子或葡萄，而不是水果。"① 实际上，从来没有一个事物可以被称为"物质"，然后所有其他的事物都是依照这个"物质"来生成或被制造的，这也就意味着桌子、椅子、苹果等物质具体形态拥有"物质"的共有属性，它们都属于物质范畴，即它们都是客观实在的。准确地说应当是这样：一般寓于个别之中，个别体现着一般，换到桌子的例子中就是物质寓于桌子之中，桌子体现着物质。因此当我们说桌子是物质，这句话强调了个别与一般

---

① 〔德〕黑格尔：《哲学史讲演录》第1卷，贺麟、王太庆译，北京：商务印书馆1959年版，第23页。

之间的联系，但没有把两者之间的区别强调出来，当我们说桌子不是物质，这句话强调了个别与一般之间的区别，但把两者之间的联系给抹掉了，所以比较完整的说法应当是：桌子是物质，同时又不是物质，这样的说法看似自相矛盾，实则体现了事物与事物之间的客观存在的联系，这就是辩证法的思维。辩证法的思维特点是既是又不是，在事物与事物的联系、发展和对立统一中去思考一个事物，即在个别与一般既对立又统一的语境中去思维，而形而上学的思维特点是：是就是，不是就不是，在事物与事物的绝对不相容的对立中去思维，即在个别与一般相互割裂的语境中去思维。

另外，我们刚才反复使用了"是"这个概念。仔细分析，你会发现"是"有着不同的内涵，如果在没有搞清"是"的内涵的时候就使用"是"这个概念，就会出现很多不必要的混淆。我们一般情况下说的"是"，一种是表示两个事物的等同关系，另一种是表示两个事物的种属关系。"桌子是物质"这句话里的"是"如果理解为种属关系，那么就是正确的，因为桌子是物质的一种具体形态，而物质的具体形态属于物质；这里的"是"如果理解为等同关系，那么就是错误的，因为桌子不可能等同于物质，否则的话所有可以使用"物质"一词的地方都可以换成"桌子"了。同样的道理，当说"桌子不是物质"时，这里的"是"是等同的意思，即桌子不等同于物质，如果是种属的意思，那么就变成"桌子不属于物质"，这句话反而就是错误的了。由此可以看出，为了有效而准确地表达人们的某些思想观点，应当对人们日常使用的语言进行深入分析和考察（西方现代哲学中就有一个影响极大的流派——语言哲学，这种哲学的重要任务便是对人们日常生活中的语言进行分析和反思）。在语言的内涵搞清楚之后，很多麻烦便会自行消失，假如不这样做的话，那么人们之间的很多争论将会找不到解决的途径。

最后再回到你的问题上："苹果是水果"的命题，一方面从一般与个别的角度，可以说苹果既是水果，又不是水果，另一方面按照"是"的不同内涵，也可以说苹果是水果，又不是水果。以上的这些说法体现的不是"日常"说法，而是一种体现出"辩证法"色彩的说法，日常说法可以保证我们正常地生活，但是熟知非真知，很多日常说法经不住严格的推敲，而且在深入探讨某些问题时，如果我们还以日常的方式来理解概念的内涵，就会出现很多混淆，这其中也就体现出了哲学的价值和功能，请仔细体会。

"实在"是什么含义?

今天您在课堂上讲了物质的唯一特性是客观实在性,这里的"实在"是什么含义呢?是仅指可看见或可触摸的东西,还是包括像"直线"这样不可见但逻辑上存在的抽象的几何模型?书上说"这种客观实在是人通过感觉感知的",那么"感知"的方式除了视觉、听觉、触觉等一般的方式外,是否还包含想象或推理呢?

首先,你问"实在"是什么含义,其实在物质的概念当中,"实在"与"客观""物质"是同义的,这三个词的含意是一样的,实在就是客观、就是物质。不过这样的回答肯定不能让人满意,我做出进一步分析。物质是指不依赖于人的意识并能为人的意识所反映的客观实在,请注意,这个定义虽然是关于"物质"的,但是反复出现了"意识"。实际上,对实在、客观和物质的任何认识时刻都离不开人的意识,都是把意识作为参照系的,这

以理服人：大学生关心的马克思主义问题

就说明了一个关键问题：客观实在是不可能被孤零零地、独立地认识的，它只能在与感觉、思维等人的意识的参照下被认识，离开了人的意识，就无法理解实在的含意，同样也无法给出实在的含意。为什么会这样呢？因为当你在问实在是什么含义时，是以你有人的意识为前提的，这就是意识对物质的逻辑先在性，对于一个没有意识的人来说（比如猪孩），是无所谓物质、无所谓客观、无所谓实在的。其实这里面隐藏着人的意识的悖论，人只能用意识去认识实在，可偏偏实在本身又是不依赖于人的意识的，但当我说"不依赖于人的意识"时，这又是以我意识到这个问题为前提的，这就是意识与实在、客观、物质之间的悖论。这种悖论恰恰正是人的生存方式、存在方式，人的存在就是悖论性的。当人意识到这些悖论时，其实表明人意识到了自己的生存的根基。根基是什么？根基就是自己无法打破、无法撼动的东西，就像人无法拽着自己的头发离开地面一样，对实在、意识等概念的讨论可以让人们深入到自己生存中最本质、最核心的那些问题。也正是对实在和意识的关系的讨论，划分出了唯物主义和唯心主义的派别，这也是哲学中的最基本的两个派别。

其次，实在是仅指可看见或可触摸的东西，还是包括像"直线"这样不可见但逻辑上存在的抽象的几何模型？可以明确地说，实在不仅包括可见、可感的东西，也包括像直线一样的几何模型。前者容易理解，后者需要做出解释。按照物质的定义不依赖于人的意识又能为人的意识所反映，那么可以说直线是不依赖于人的意识又能为人的意识所反映，所以直线是客观实在的。顺便说一下，对实在、物质、直线等概念的合理理解，需要一种将绝对和相对结合起来的辩证思维方式。任何概念既是绝对的又是相对的。"直线"就其本来的意义而言，是一个无限的概念，即直线是无限的，这是它绝对的一面。从这个意义来说，类似于"圆的方"无法认识其具体内容一样，直线也是无法认识其具体内容的，因为直线是无限延伸的，那么对直线的认识也要无限延伸下去，如此一来何时能够认识直线呢？所以人类认识直线，是以一种有限即相对的方式去认识它的，人的认识就是绝对和相对的有机结合，而直线本身也是绝对和相对的有机结合。

再次，"这种客观实在是人通过感觉感知的"，那么"感知"的方式除了视觉、听觉、触觉等一般的方式外，是否包含想象或推理呢？这个问题涉及对"感觉"的理解。"这种客观实在是人通过感觉感知的"这句话是列宁的原话，列宁没有交代他是在何种意义上使用"感觉"这个概念的，但我们可以在两种意义上理解"感觉"。一种是将感觉理解为"意识"的同义词，这是广义上的感觉，包括感受、感情、情感、思维、认识等各种各样的意识形式。这里的感觉其实就是人认识和把握客观世界的主观方式，其实列宁是在这种意义上使用"感觉"概念的。另一种是将感觉理解为看、听、触、嗅等具体的感受形式，这是狭义上的感觉，也是我们通常意义上说的感觉。其实，即使理解为狭义上的感觉，也要注意人的任何思维、思想、认识等非狭义感觉的主观方式都是在感觉基础上形成的，离开了感觉的基地，无论多么高深的主观方式（比如你所说的想象或推理）都不可能产生。从这个意义上说，列宁物质概念中的感觉如果按照狭义来理解，应当理解为各种主观方式的基础、根源，这样才是对感觉的合理理解。

讨论到这里,也许你会发现在有效的交流当中,界定概念的含意和语境是非常重要的,很多人使用着相同的术语,但对术语的理解方式不同,就容易导致很多争论。

我感知的一切在我消失后还存在吗？

我有一个问题感到疑惑：如何认识真正的"自我"？也就是说我现在所感知的周围的一切、关于我的事物在我消失后还依然存在吗？我最大的困惑不是这个问题的答案，而是不管这个问题的答案是 Yes 还是 No，我都无法用任何证据证明它，因为我不可能知道我不在之后的事情。您说是吗？

你提到"因为我不可能知道我不在之后的事情"，所以在我消失后，我也无法知道关于我的事物是否还存在。从常识的角度来看，你的问题是不构成问题的。有谁会怀疑"在我消失后"，我就不存在了呢？有谁会"在我消失后"还依然把我当成一个和"我消失前"的我同样的存在呢？然而，你的困惑不是对这个问题的常识的回答，而是来自这样一个观察主体的转移：如果说作为旁观者的我已经认识到他人在消失后就不再存在的话，那么作为当事人的我如何能够真切地认识我消失后的我以及关于我的事物？毕竟，我消失后就没有作为当事人的我了（尽管还有他人），没有我就无法以我为主体做出任何认识了，而我消失前的我也还没有经历我消失后的状况，不可能对我消失后的状况做出真切的判断，所以不管是消失前的我，还是消失后的我，都不可能对我消失后的状况做出判断。

要合理地理解这个问题，需要领会人的意识和人的存在的"一体性"，即意识随着人的存在的发生而发生，随着人的存在的消失而消失。当你说"我不可能知道我不在之后的事情"，首先，你做出这个判断时，你还存在着，你还没有"不在"，也就是说这句话是你还"在"的时候所意识到的关于你"不在"的时候的一种状况。这是你这句话所隐含的前提。其次，就这句话的内容来看，因为"我不在"了，所以我的意识也会随着我的"不在"而"不在"，在没有意识的前提下，就谈不上什么知道或不知道任何事情的问题了。我如果"不在"的话，那么这不仅仅指我的肉体的消失，而且也是我的意识的消失，意识一旦消失，自然也就无法用任何证据证明任何事情，因为所谓的"证据""证明"都要依赖人的意识的发动作用，没有人的意识，任何事情都是无法成其为事情的。你提了一个很好的问题，但你要通过这个问题认识到平常我们所谈的"自我"实际上蕴含着"意识"的内容，这里的"自我"并不仅仅指我的肉体，而且包括我的意识，人的意识和人的存在始终是同体共生、同体共灭的。因此，应当避免把人的意识当做抽象的东西和人的存在割裂开来，意识无非是人的存在的意识，意识始终表现为人的存在的意识，即使意识体现为关于人的死亡的意识，它也是人的存在的意识。正如马克思所说："意识在任何时候都只能是被意识到了的存在，而人们的存在就是他们的现实生活过程。"①

---

① 《马克思恩格斯文集》第1卷，北京：人民出版社2009年版，第525页。

相对于乙的意识,甲的意识是物质吗?

我有一个关于物质与意识的疑问。甲的意识能够被乙的意识所认识,那么甲的意识可以叫做物质吗?对于客观、主观的定义又有什么依据?

你的第一个问题是相对于乙,甲的意识是不是物质。如果没有参照系(即某个人的意识)的话,泛泛地说人的意识,这里的意识当然不属于物质范畴,即不是客观实在的。因为物质是不以人的意识为转移的,而意识恰恰是以意识(即自身)为转移的,所以在没有参照系的情况下,意识就是意识,物质就是物质,意识不属于物质范畴,否则的话认为意识属于物质范畴,那么就没有必要区分意识和物质范畴了。不过需要注意的是,现实世界中从来不存在没有参照系的情形,没有参照系的情形只不过是我们的一种想象。当我们在谈论"意识"概念的时候,实际上已经是在与"物质"概念相对照、相区分的意义上来谈的,这里的"物质"概念实质上就是一个参照系,尽管很多时候人们没有自觉意识到。如果再更进一步地谈论意识,即谈论"某个人的意识",这里的参照系除了"物质"概念外,还应当包括"其他人的意识",这样有了参照系,问题就容易说明了。物质是不依赖于人的意识并能为人的意识所反映的客观实在,那么相对于乙的意识,甲的意识是物质吗?首先,甲的意识是不依赖于乙的意识的,无论甲怎样感觉、怎样思考,都和乙的意识没有派生的关系;其次,甲的意识能够被乙的意识所反映和认识,比如你的意识和我的意识之间虽然没有"谁派生出谁"的关系,但是你心里想的内容可以被我认识到,我心里思考的东西可以被你意识到(具体的方式就是交谈、聊天、交流、阅读等)。由此一来,我们可以从以上两个判断得出结论:甲的意识不依赖于乙的意识并能为乙的意识所反映,因此甲的意识属于物质范畴,或者说是客观实在的。不过,这一结论只在以某个人或某些人的意识为参照系的条件下才成立,如果抛开这个参照系,单独地说人的意识是否属于物质范畴,那么结论就是相反的。(实际上,我们可以抛开某个人或某些人的意识的参照系,但是无法抛开"物质"这个绝对的参照系,物质和意识本是一对须臾不可分离的概念,物质依赖意识才能定义自身,就像意识依赖物质才能定义自身一样。)

第二个问题是客观、主观的定义的依据。就像物质和意识一样,客观和主观也是一对须臾不可分离的概念。当我们在谈论客观的时候,实际上是在与主观相对照、相区别的意义上谈论的,反之亦然。通俗地说,客观就是不属于人的意识范畴的一切,像人的感觉、思维、意志、情绪等都是人的意识的具体形态，在这些形式之外的一切都是客观的，包括作为感觉、思维之载体的大脑都是客观的。主观则等同于人的意识，凡是属于人的意识的所有一切，都可以称为主观的。我想客观和主观的定义依据就在于是否属于人的意识范畴，人的意识之中是主观，人的意识之外是客观。

也许你会发现，我们在定义一些最基本的概念时，比如物质、意识、客观、主观等，只能借助于其他的概念来定义这些概念，越是基本的，往往越是难以定义。"客观"需要借助"意识"来定义，"意识"需要借助"物质"来定义，"物质"又需要借助"意识"来定义。运用概念来定义概念本是人的本性，这就是人的思维的现实，也是人无法克服的思维极限，只要能够说清问题，表达出概念的合理内涵，并被人正常地理解，那么下定义的目的就达到了。

怎样判断真理和谬误的界限？

我在看教材时看到这样一句话：真理和谬误之间在某种情况下可以相互转换，但又说在某种特定的认识状态下，真理就是真理，谬误就是谬误，两者是对立的。到底怎么判断它们之间的界限呢？

就特定的环境、特定的语境而言，一种认识是对的还是错的，都是确定的，即真理就是真理，谬误就是谬误。这反映了真理的绝对性、稳定性一面，否则人们就会无法认识事物的本来面貌，人的认识也没有必要。当然，"公说公有理、婆说婆有理"的现象只是表明人们对同一事物有不同角度、不同立场和不同方法的认识，并不能否定就特定角度而言，人们关于事物的认识只有一种是对的。比如，我指着教室里的讲桌说"讲桌比同学们的课桌要高"，这句话就是对的，因为在上课的那个教室的实际情况确实如此。但是，如果脱离开我上课的教室，抽象地说讲桌比

以理服人：大学生关心的马克思主义问题

同学们的课桌要高就会发生错误了，如果到阶梯教室，实际情况是同学们的课桌要比教师的讲桌高，这时候我还说"讲桌比同学们的课桌要高"，那么这个认识就会从原来的真理变成谬误了，反过来说谬误同样也可以变成真理，这就是真理和谬误在某种情况下可以相互转换的道理。这里的关键问题是要注意分析一种认识所处的特定的环境、语境及其条件等，如果这些方面变化了，那么认识就会随之发生改变，而不能再僵化地坚持以前的认识。这个例子提醒我们要始终注意历史环境的变化，人们的一切认识都要以当时当地的历史环境为转移，从来不存在抽象的、绝对的正确认识或错误认识，所谓的正确和错误都是相对于条件和环境来说的。恩格斯指出："真理和谬误，正如一切在两极对立中运动的逻辑范畴一样，只是在非常有限的领域内才具有绝对的意义。"① 马克思曾设想过在生产力高度发达的前提下，资本主义社会才能过渡到社会主义社会，但是包括俄国、中国等一系列国家都是根据变化了的环境、条件采取新的认识，这些新的认识依据的都是当时那个时代的新的环境和条件，所以是正确的，如果再僵化地坚持马克思的某些结论和认识，那么人们的认识就要走向谬误。

通过这个问题，我们应当认识到真理的辩证性质：真理既是绝对的，也是相对的，或者说真理和谬误的界限既是确定的，也是不确定的。这样说并不是在"变戏法"，因为辩证法包含着"变戏法"的因素，与"变戏法"有相似的一面，但辩证法不是

---

① 《马克思恩格斯文集》第9卷，北京：人民出版社2009年版，第96页。

变戏法，也不能归结为变戏法。为了能够更好地理解真理的辩证性质，请仔细体会列宁的这样一段话："从现代唯物主义即马克思主义的观点来看，我们的知识向客观的、绝对的真理接近的界限是受历史条件制约的，但是这个真理的存在是无条件的，我们向这个真理的接近也是无条件的。图画的轮廓是受历史条件制约的，而这幅图画描绘客观地存在着的模特儿，这是无条件的。在我们认识事物本质的过程中，我们什么时候和在什么条件下进到发现煤焦油中的茜素或发现原子中的电子，这是受历史条件制约的；然而，每一个这样的发现都意味着'绝对客观的认识'前进一步，这是无条件的。一句话，任何思想体系都是受历史条件制约的，可是，任何科学的思想体系（例如不同于宗教的思想体系）都和客观真理、绝对自然相符合，这是无条件的。你们会说：相对真理和绝对真理的这种区分是不确定的。我告诉你们：这种区分正是这样'不确定'，以便阻止科学变为恶劣的教条，变为某种僵死的凝固不变的东西；但同时它又是这样'确定'，以便最坚决果断地同信仰主义和不可知论划清界限，同哲学唯心主义以及休谟和康德的信徒们的诡辩划清界限。这里是有你们没有看到的界限，而且由于你们没有看到这个界限，你们滚入了反动哲学的泥坑。这就是辩证唯物主义和相对主义的界限。"[1]

---

[1] 《列宁选集》第2卷，北京：人民出版社1995年版，第96页。

我们是怎样谈论真理的？

老师，我对于真理的概念产生了一些困惑。首先，真理的定义在我看来有些模糊。"真理是人们对客观事物及其发展规律的正确认识"，而什么是正确认识？就科学而言，的确存在正确和错误，而其他领域的正确和错误的区分就很困难了。其次，受到语言的局限性，我们对于一些真理的描述往往是模棱两可的，因而导致了个人理解的差异。在这样的情况下，还有普遍的真理存在吗？

能够看得出，你对于真理和谬误的问题做了比较深入的思考。在这里，针对你的问题谈一下我自己的看法。

首先是传统的真理定义问题。"真理是人们对客观事物及其发展规律的正确认识。"这也是教材对于真理的定义。仔细审视这个定义，会发现这个定义存在两个问题。其一，同义反复的问题。简单来说"真理是正确认识"，即真理＝正确，这相当于没有解释真理是什么，就好比问：正确是什么？正确是对，那么对是什么？对就是真理，那么真理是什么？真理是正确……这些回答实质上都是同义反复。由此不难发现，我们的教材也不是十全十美的。不过问题又回来了，那真理到底是什么呢？其实在常识语境中我们对于真理、对、正确等概念都是没有疑问的，即使不加任何解释，我们都能够理解这些概念是什么意思，但是当我们认真思考这些概念时，就会发现它们变得陌生起来，我们对于最经常使用的一些概念都不知如何定义了。其二，符合论的真理观的问题。传统的真理定义是一种符合论的真理观，这种真理观认为，认识或陈述的真假在于它是否与事实相符合，只有当它们与事实相符合时才能被称为是真的，否则即是假的。我们会发现，客观事物及其规律都是客观实在的，即都是"事实"，如果人们去认识它们，最后得到的认识结果"符合"这些事实，那么认识结果就是真理，"不符合"这些事实，那么认识结果就不是真理。

在人类对于真理的探索史上，曾经出现过具有代表性的三种真理观：实用主义的真理观、符合论的真理观以及融贯论的真理观。实用主义者认为"有用即是真理"。他们认为真的认识就是那些可以被证实和检验的、具有引导性的、有用的认识。不管认识是否反映了客观事物及其规律，只要这种认识有用、有价值、可以指导人们的实践活动，那么就可以说是真理。比如你认为外面下雨了，所以拿着伞，但实际上外面没有下雨，而是艳阳高照，不过你的伞能为你遮挡阳光、防晒皮肤，那么可以说你关于下雨的认识就是真理，尽管实际上没有下雨，但这种认识有用、有价值；符合论的真理观是唯物主义的认识论，它关注主观认识是否与客观事物、客观事实相符合，如果主观和客观符合，即是真理，反之则是谬误。比如你把插入水中的棍子看成是弯的，那么这种主观认识就和客观事实不符合，就是错误认识，你仔细辨认后发现棍子还是直的，那么你的主观认识和客观事实符合，就是真理；融贯论的真理观认为，一种认识是否为真，在于它是否与我们既已接受的信念系统相融贯，如果一个陈述与我们已形成的并被我们所信服的知识体系相一致，那么它就是真的，反之就是假的。比如 $1+1=2$ 等数学命题，无需外在经验，只凭借内部的数理逻辑规则去判断就可以判断真伪。对照以上三种真理观，会发现我们教材上的真理定义属于符合论的真理观。

在人类认识史上，影响最大、最持久的当属符合论的真理观，因为这种真理观正符合人们的常识。关于实用主义真理观和融贯论的真理观，比较容易驳倒。以是否有用来判断是否是真理，等于取消了真理的标准，一种认识是否有用是判断认识的价值的标准，而不是判断认识的真假的标准，实用主义真理观混淆了"有用"与"真假"的范畴。融贯论的真理观就其认识体系内部来看是逻辑自洽的，但是一旦超出认识范围，扩展到其他认识体系，那么它们的真理性就要打折扣了。我们可以深入地想一想：$1+1=2$ 之所以是真理，是因为我们都已经把握了 1 的概念、2 的概念、= 的概念，都已经先行地把握了阿拉伯数字构成的整个数理逻辑规则，而这些规则从根本上来说都是人为规定的。如果现在有一个人重新定义了 1、2 的概念，然后说 $2+2=1$，这种说法也是真理，因为它是按照他自己的数理逻辑规则推出来的。这就是说 1 的概念、2 的概念不是先天的,都是人为设定的,1+1=2 在另一种数理逻辑规则中就失去了真理性。

符合论的真理观与以上两种真理观相比,更合理、更广为接受,但是也存在一些问题,这些问题就成了反对者对符合论真理观攻击的矛头所在。首先,符合论从某种意义上讲是含糊的,就像你说的人们对于一些真理的描述往往是模棱两可的。我们说主观认识与客观事实相符合,但这种符合究竟是什么含义?当我们说"水中棍是弯的"的时候,这句话并不符合水或棍子的任何特征,严格说来只能是同类相似,而不同类是不能相似的,认识只能和认识相似,就像一种水只能和另一种水相似、一个棍子只能和另一个棍子相似。如此看来主观认识和客观事实如何能够符合呢?这种符合到底是什么意思?其次,真理是指符合客观实在的认识,这一点对于自然科学来说还容易理解,但是对于人文科学和社会科学来说就不容易理解了。"偷窃是可耻的"这一认识是建立在社会主流认识的基础上,所以这一认识是对的、是真理,但这一认识在小偷团体内部却不是真理,小偷们往往不认为偷窃是可耻的。这一例子启示我们:在社会领域,并不存在一种所有人都完全认可的认识或规则,按照不同的认识或规则,可以对同一认识做出不同的乃至相反的评价。再次,按照符合论的逻辑一直推理下去,将会导致怀疑论和不可知论。人不能跳出人的认识的界限来真正"客观"地看待认识与实在的符合,人只能凭借感觉、思维、意识等认识形式来认识客观,然而我们要想获得真理性的知识就必须接近客观实在本身,而接近客观实在本身又是不可能的,因此符合论似乎使得真理的获得成为不可能。

由此看来，不管是符合论的真理观，还是实用主义的真理观、融贯论的真理观，都无法比较完满地解释真理的概念。实际上，以上三种真理观是两种类型的真理观：符合论的真理观是客观主义的真理观，这种真理观预设了在人的认识之前，就存在一个客观实在的、等待人们去认识和研究的对象，而实用主义真理观和融贯论真理观是主观主义的真理观，这种真理观将人的需要、人的活动及其产物作为判断一种认识是否是真理的唯一标准。可以说，两者正是两个极端，一个强调真理的客观性，一个强调真理的主观性，因此都是片面的。我想对真理的合理理解是：真理既是客观的，又是主观的，是客观内容和主观形式的统一。如果用一个名词来指称的话，比较恰当的是语境论的真理观。语境论的真理观把真理看成是对客观实在的理解过程，把真理当做是依赖于语境的概念，如果语境发生变化，那么基于原有语境的真理性认识就会失去真理性，反之亦然。语境论的真理观认为，已有的真理性认识是从不同角度、不同层次、不同领域对真理的揭示，我们今天能够得到的真理性认识只不过是基于今天的语境，如果明天的语境变化了，那么认识就需要进行修正，修正的标准便是明天的语境。在这种意义上，虽然应当承认任何一种认识都是对事物进行概念化的过程，这个过程是以一定程度上的对客观实在的理解为起点的，但同时也承认认识形式的变化、概念内涵的演变、不同人对概念的不同理解，不仅不再构成人类认识真理的障碍，反而是人类认识不断逼近绝对真理（永远达不到绝对真理）的一种表现。任何人所得到的真理性认识就其实质来说，只是依赖于当时的语境的真理性认识，这是一种相对真理,所有的相对真理(这里的"所有"又是一个无限延伸的概念)的总和构成了绝对真理,而这一点正是通过无限的人类认识史完成的,这就是相对真理和绝对真理辩证统一的关系。

通过以上探讨,我们会发现语境论的真理观改变了理解真理的方式,它是从动态的、发展的、历史性的角度来理解真理,它一方面维护了真理的客观性,另一方面也容纳了真理的社会性和主观性,而且体现了相对真理和绝对真理之间的辩证关系,因此,我觉得它可以成为一个值得我们进一步探讨的真理观。

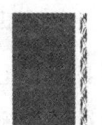 

假象是我们现有水平所没有认识到的真理吗？

今天看《马克思主义基本原理概论》的时候，根据书上说的，如果我们认识到（相对的）真理，那么就能分辨假象。我觉得，也许也可以说，假象只是我们现有水平所没有认识到的真理。这么说对吗？

在这里你提出了两个问题，"如果我们认识到（相对的）真理，那么就能分辨假象"这是真理的判断标准问题；"假象只是我们现有水平所没有认识到的真理"这是认识的绝对性和相对性的问题。首先看前一个问题，从根本尺度而言，实践是检验真理的唯一标准，这一点教材已经重点论述，我就不展开了。但是我在课堂上没有讲过另外一个问题，即从直接尺度而言，实践往往不是检验真理的唯一标准，是理论、概念、观念等非实践性的事物更容易成为检验真理的标准。换句话说，真理自身就是检验真理的标准，同时也是检验错误的标准。人们在说"桌子是白色"的时候，是运用头脑中已经形成的关于"白色"的概念来判断桌子是不是黄色，在说"偷东西是错的"时候，是运用已经形成的是非观来判断偷东西这一行为的性质。可见，只要人们认识到了关于某一事物的真理（即什么是白色、什么是对、什么是错等），便可以据此做出相应的判断，从而也能够分辨出假象。不过从根源上讲，不管是"白色"的概念，还是"是非观"，都是人类社会千百年来长期实践的产物，从这个意义上说，检验桌子是不是白色、偷东西是不是可耻的标准且唯一的标准，只能是实践，这是从真理的根本尺度层面上说的，教材重点谈及的是这个方面，但对真理检验的直接尺度没有涉及。

再来看后一个问题："假象只是我们现有水平所没有认识到的真理。"这个问题比较复杂，需要结合现代社会中影响很大的"后现代主义"一起来说。后现代主义的一个重要观点便是从来没有真理，也没有假象，有的只是人们的判断标准和价值倾向；在后现代主义看来，假象和真理的界限纯粹是人为设定的，如果剔除了人为因素，那么世界上的任何假象都可以成为真理，任何真理也可以当做假象。你提出的问题"假象只是我们现有水平所没有认识到的真理"，有着比较浓厚的后现代意味。我们可以按照这个问题的逻辑展开这句话："假象"是不是"真理"，取决于"现有水平"，如果超越了"现有水平"，那么"假象"就是"真理"，如果停留于"现有水平"，那么"假象"还是"假象"，这就将假象和真理的界限绝对化地定格在了人们的认识水平上。在这里不要忘记的是，任何认识（包括假象和真理）都

以理服人：大学生关心的马克思主义问题

是绝对性和相对性的统一，当我们说"假象只是我们现有水平所没有认识到的真理"时，这意味着按照超越了"现有水平"的水平来认识"假象"，"假象"才会变成"真理"，但是从更大的历史尺度来看，超越了"现有水平"的水平仍然存在着局限，它仍然内在于历史过程而无法超越历史，因此"假象"的"真理性"并不绝对，所以后现代主义从这个角度就得出了无所谓真理也无所谓假象的结论。后现代主义的认识仅仅到此，但这一结论是一种片面的深刻，原因在于后现代主义仅仅认识到认识的"相对性"一面，而没有认识到"绝对性"一面。"当一个唯物主义者，就要承认感官给我们揭示的客观真理。承认客观的即不依赖于人和人类的真理，也就是这样或那样地承认绝对真理。"[①] 我们可以随便选定某个特定的时代及其认识水平，然后根据这个时代和水平判断假象和真理，我们总能够得到确定的答案，例如"把人杀掉用于祭祀"这种行为，按照原始时代的认识水平，这一行为具有合理性，被当时人们普遍接受，按照现代社会的认识水平，则不具有任何的合理性，但是如果以现代社会的认识水平去要求原始人，要求原始人做到"不把人杀掉用于祭祀"，那么这种要求就变成了一种苛求、不具合法性的要求。所以，被当时人当做"真理"的做法一定要在当时的特定环境和历史条件下来评价，而正是根据当时的特定环境和历史条件，也就能够真实地判断认识的真理性，这便是认识的绝对性一面。如果超越"当时水平"，纯粹用后来人的标准来要求和评价当时人，这种做法

[①] 《列宁选集》第2卷，北京：人民出版社1995年版，第92页。

只能让我们看到认识的相对性一面。对这个问题我简要地总结如下：

1. 判断一种认识是假象还是真理，要从当时的历史条件出发并依据当时的历史状况；

2. 任何认识都是相对性和绝对性的统一。相对于当时的水平，能够判断认识的"真假对错"，这是绝对性一面，相对于随便选定的某一时代的水平，认识的"真假对错"就不容易区分了，这是相对性一面。但毫无疑问的是，人类的认识是向着更加全面、更加丰富、更加成熟地把握世界这个方向发展的。尽管这个过程无限漫长，但这一方向是绝对的，这种绝对的方向是通过无数的相对性的认识实现的，后现代主义恰恰没有看到这一点。

什么是事实？

我觉得描述事实的语言仅仅应该由"真"与"假"构成，而没有"对"与"错"之分，什么是事实？我觉得就是客观发生的一件事。而如果要说每个人对于每一件事的观点不同，我觉得那应该称之为观点，而非事实。我觉得事实就是客观的，掺杂进主观因素的应该都属于人们的看法。

你的问题可以归结为一句话：什么是事实？这个问题看似简单，就像你觉得事实就是"客观发生的一件事"一样，不过这是一种常识性理解，在日常生活中我们（包括我自己）就是这样来理解"事实"的。但是熟知非真知，"熟知"隐含着对于事物多方面性质的"无知"，很多日常生活中人们接触得最多、最普遍的事物，例如事实、红、桌子、人等，人们对它们的"真知识"反而不多。为什么这么说呢？因为在常识语境中不会有疑问的问题，一旦放到比较深刻的哲学语境中，就会产生很多问题。

第二章 熟知非真知

比如我问你人是什么，你能给我一个适用于任何情况下的普遍定义吗？我想这是很难的。哲学往往是把简单的东西看成是复杂的，但是请注意，简单的东西仅仅是看上去简单的东西，并不意味着它真的就很简单。在我看来，哲学的重要功能便是把事物本来具有的多方面性质如实地展现出来。在这里，我以"这是一个手机"为例谈一下关于"什么是事实"的问题，即如何认识事实的问题。

我们面前有一个手机，任何一个正常的普通人都会说"这是一个手机"，按照你的看法，"描述事实的语言仅仅应该由'真'与'假'构成"，那么这句话当然是一个"描述事实的语言"，其中没有夹杂任何一点可以"称之为看法"的东西。但是，对于那些不愿停留于现象、想要探求事物更深刻本质的人来说，就会提出如下的问题：究竟什么叫"手机"？如果我没有"手机"的概念，我怎么会把面前的"这个东西"称作"手机"？离开我对"这个东西"的感知，我能否知道"手机"的存在？我怎样判断这个"手机"的真与假、善与恶、美与丑？我为什么会爱护这个"手机"而不是毁坏它？我们为什么会把不是"这个东西"的"别的东西"也称作"手机"？我们为什么能够"创造"出比我们已有的"手机"更"高级"的"手机"？等等。以上的这些问题，在日常生活中会被认为是无聊的。然而，在我们对"手机"的不断追问中，却蕴含着异常丰富的哲学问题。让我们简略地来分析这些问题。①

---

① 本部分的写作参考了孙正聿教授的著作，见孙正聿：《哲学通论》，上海：复旦大学出版社2005年版，第5—7页。

以理服人：大学生关心的马克思主义问题

其一，主体和客体的关系问题。"我们"在认识"手机"，而"手机"在被"我们"认识，因此我们是认识的"主体"，而手机是认识的"客体"。那么，为什么"我们"与"手机"之间会构成认识的"主体"与"客体"的关系？究竟什么是认识的"主体"、什么是认识的"客体"？哲学是如何看待和回答"主体"与"客体"的关系问题的？

其二，感性和理性的关系问题。我们用眼睛所看到的"手机"只能是"手机"的"现象"，我们用思维把握到的"手机"却是手机的"本质"。我们的"感性"和"理性"永远处于矛盾之中，被认识的客体的"现象"和"本质"也永远处于矛盾之中。那么，人的"感性"与"理性"究竟是何关系？事物的"现象"和"本质"又是什么关系？

其三，思维和存在的关系问题。如果我们这里没有手机，那么谁也不能说"这里有一个手机"；反之，如果这里有一个手机，那么谁也不能说"这里没有手机"。然而，即使这里真的有一个手机，而一个根本不知"手机"为何物的人，又能否把面前的这个"东西"看做是"手机"？即使别人告诉他"这是手机"，他又能否懂得"手机"为何物？由此我们就会追问："手机"的存在与关于"手机"的观念究竟是何关系？人为什么能够把千差万别、千变万化的"东西"既区别开来又统一起来？

其四，个别与一般的关系问题。"手机"的形状有大有小、有高有低；"手机"的材料有塑料的、有玻璃的、有金属的、有钻石的；"手机"的颜色有红的、有黄的、有黑的；"手机"的用途有打电话、发短信、摄像等等，那么，我们为什么能够把所有"这样的东西"都称之为"手机"？是"个别"包含着"一般"，还是"一般"包含着"个别"？"一般"与"个别"的区分是绝对的还是相对的？

其五，真善美的关系问题。我们把面前的"这个东西"称做"手机"，这并不是一个简单的事实判断，而是一个融事实判断、价值判断和审美判断为一体的综合判断。因此当我们说"这是一个手机"的时候，在我们的观念中既包括断定"这个东西"是不是"手机"的真与假的事实判断，又包括"这个东西"是否有用以及有何用途的价值判断，还包括"这个东西"是使我愉悦还是使我讨厌的审美判断。那么，真善美三者之间究竟是何关系？我们判断真善美与假丑恶的根据和标准又是什么？

其六，现实与理想的关系问题。我们把面前的"这个东西"称作"手机"，并不意味着我们认定"只有"这样的东西才是"手机"，恰恰相反，它会引发我们对"手机"的样式、属性和功能的无限的联想和想象，从而去创造更"好用"、更"漂亮"、更"新颖"、更"高级"的"手机"，这就是现实与理想的矛盾。在这种矛盾中，蕴含着更丰富和更为深刻的哲学问题：人的目的性要求与客观规律是何关系？人的现实性存在与理想性期待是何关系？人对现实的反映与人对世界的改造是何关系？人所创造的世界与自在的世界是何关系？

其七，人与世界的关系问题。这是由"手机"所引发的最深层的哲学问题。人来源于自在的自然世界，人又创造了属于人的生活的世界，并且永远在创造人所理想的世界。人在改造世界的过程中，又在改造和发展人本身。那么，人究竟是一种怎样的存在？人与世界之间究竟是怎样的关系？人是如何认识和改造世界？人是怎样改造和发展自身？人是以"白板"式的头脑去反映"手机"吗？人仅仅是以自己的肉体器官去制造"手机"吗？究竟什么是人的"认识"和"实践"？人的经验、常识和理论在"认识"和"实践"活动中起什么作用？人的思维、情感和意志在人的"认识"和"实践"活动中起什么作用？人类的历史、文化和传统在人的"认识"和"实践"活动中又起什么作用？人的认识和实践是如何发展的？人类的未来是怎样的？人们应当形成怎样的世界观、历史观和人生观？

这样一路问下来，我们就不会认为"手机"问题是无聊的，而是亲切地体会到"熟知而非真知"的道理，体会到对"熟知"的"名称"进行"概念"式追问的意义与魅力。最后回到你提的问题上：什么是事实？在常识语境中，事实当然就是"客观发生的一件事"，但是通过我们对"手机"的追问，会发现"这是一个手机"的如此简单的事实判断中其实蕴含着如此复杂的事实判断、价值判断和审美判断。实际上，没有绝对孤立的事实判断，也没有绝对孤立的价值判断，事实和价值、真假和对错往往是密不可分地联系在一起的，即便是"诚实是对的""你不该偷东西"之类的明显的价值判断，也融入我们对于"诚实""偷东西"的事实判断，其中的道理和"这是一个手机"类似。如果我们想要真正地进行这种哲学的追问和反思，则需要培养我们的理论思维能力，特别是善于从哲学层面上提出问题和分析问题的能力。

在我看之前，扑克牌的花色就已经确定了吗？

这个世界到底是"唯物主义"的还是"唯心主义"的，这是个一直争论的话题。我不奢望一下能够解决这个大问题，但我想从一个小问题入手深入理解这个问题。比如说，现在桌子上有一张背面向上的扑克牌，我们本身不知道它的花色；那么在我把它翻过来看到它的花色之前，它的花色是已经确定了的还是没有确定的？

你的问题是世界到底是"唯物主义"的还是"唯心主义"的，并以扑克牌为例，那我们就先说这个例子。扑克牌在被翻看之前，它的花色是否已经确定？其实，这里的"是否确定"可以在两种意义上来理解：第一种是人的意识是否能够确定这里的花色，即人能否知道这里的花色；第二种是不考虑人的意识问题，扑克牌本身的花色是否能够确定下来，即扑克牌的花色是否处于变化当中，以至于花色在翻看前后发生了变化。对于第一种意义的"是否确定"，只要人们不作弊、不使用额外的技术手段，那是肯定不能确定花色的；对于第二种意义的"是否确定"，无数的实践和常识告诉人们，只要是正常的扑克牌，其花色绝对不会因为我们是否翻看而发生变化，所以在人们翻看之前，它的花色肯定是确定了的，当然这是在不考虑人的意识的前提下才可以这样说。

不过，你是想通过扑克牌的例子明白世界是唯物主义还是唯心主义的。首先需要注意一点，世界不应当按照唯物主义或唯心主义的标准进行区分。唯物主义和唯心主义都只是理论，这和世界相比是两个层次上的事物，不可同日而语。就像"桌子是甜的"这句话不合理一样，我们可以说桌子是方的，苹果是甜的，但不会说桌子是甜的。我想你是想问：世界在本质上是物质，还是意识？对这个问题，我们倒是可以做出明确的回答：世界在本质上是物质。因为扑克牌不管人们是否翻看它，它的花色都是确定的，对于人的意识而言，它的花色都是不以人的意识为转移的客观实在，不会因为人的意识如何而发生变化。同时，又存在着像扑克牌一样的无数的客观事物，这些客观事物构成了所谓的"世界"，世界在本质上也是不以人的意识为转移的客观实在，所以世界在本质上是物质的（这里的物质无非是对无数事物的客观性质的一种概括和抽象）。

怎么看待质量互变的原理?

在这学期学习马克思主义基本原理过程中,我一直试图反问其中的一些原理,并尝试解释。之前我一直以为质变与量变关系原理是比较简单的原理,但是在我反问的过程中发现很多问题都需要它来解释,我觉得质变与量变关系原理是许多原理的基础。比如在有关真理相对性的问题上,既然真理只在一定时间和条件下是确定的,只能有限地符合客观实际,而不能说是完全符合或完全不符合,那么凭什么区分谬误和"真理的相对性"呢?同样的,善与恶的区别真的存在吗?后来我终于找到了马克思主义的解释办法:每个论断中都有包含符合客观事实的程度,这便是一个量,从真理到谬误便是这个量在变化,而到一定程度,量变引起质变,便有了真理和谬误的质的区别,也有了谬误和"真理的相对性"的区别。我对马克思主义也不太了解,没有看多少书,以上只是根据我对马克思主义哲学的一点点知识产生的想法,希望您提些意见。

以理服人：大学生关心的马克思主义问题

你提到了质量互变原理，在我看来，质和量是描述事物存在状态和变化的两个概念，这两个概念像其他哲学概念一样，具有最大的普遍性和最高的普适性，即它们可以用于描述任何事物的任何状态，就像你用它们来描述"真理"和"谬误"的关系、"相对"和"绝对"的关系、"善"与"恶"的关系等。不过抽象地来看，质量互变原理只是一个形式化的原理，一个毫无内容、不指涉任何事实和内容的哲学原理，说得简要一点，这个原理就是描述了质发生量的改变，这种改变逐渐积累最终导致旧质转变为新质，然后又重新开始由质到量再到质的过程。这是质量互变原理本身的内容，它不涉及任何事物。因此，当我们运用这个原理去说明某些问题时（比如你想用它来说明谬误和"真理的相对性"的问题），实质上必然是先行地预设了这个原理的正确性，这样的做法实质上是让"事物"去适应"原理"，而不是从"事物"和"事实"中去总结和概括原理，这种做法不对具体事物进行调查研究，而是用某种既成的原理、观点，僵化地去剪裁不断发展变化的现实事物，因此就违背了马克思主义的真实精神。一些学过马克思主义理论的人，当被问起马克思主义理论的内容时，脱口而出"世界是物质的、物质是运动的、运动是有规律的，规律是客观的……"表面看来像是很熟悉马克思主义理论，实则是根本不理解马克思主义理论的观点。先不谈这些说法是否表达了马克思主义理论的真实内容，仅仅是这种对待马克思主义的标语式的理解方式，却恰恰是马克思主义所反对的那种方式。在历史上，马克思针对一些人总是把他的根据特殊社会条件得出的特殊结论运用到其他的社会环境的做法，就表达了强烈愤慨:"他(米海洛夫斯基)一定要把我关于西欧资本主义起源的历史概述彻底变成一般发展道路的历史哲学理论,一切民族,不管他们所处的历史环境如何,都注定要走这条道路,——以便最后都达到在保证社会劳动生产力极高度发展的同时又保证每个生产者个人最全面的发展的这样一种经济形态。但是我要请他原谅。(他这样做,会给我过多的荣誉,同时也会给我过多的侮辱。)"① 马克思在考察西欧资本主义社会的演变过程中提出了社会形态演变的学说,它仅仅是适用于西欧,并不能直接地用来套其他社会的演变历程,即不应当变成一种普遍的社会形态演变规律,否则就是误解和曲解了马克思的原意。在以往和当今的理论争论中,不知有多少人把不属于马克思的观点当成是马克思本人的观点加以批判,不知有多少人把附加在马克思主义名下的观点当成是马克思主义的观点加以批评,因此马克思比其他任何思想家受到的批评、指责和歪曲都要多得多,由此马克思才会由衷地感叹:这种把他的观点普遍化、抽象化的做法,表面看来会给予他更多的荣誉,实则是给予他更多的侮辱。

因此,对待马克思主义的合理方式是要潜心研究马克思等经典作家的基本观点,了解哪些是经典论述中带有规律性的科学结论,了解哪些是我们必须破除的对马克思主义的教条式的理解,哪些是必须澄清的附加在马克思主义名下的错误观点,从而以马克思主义作为方法和指南去分析和解决现实问题。恩格斯指出:"我们的理论是发展着的理论,而不是必须背得烂熟并机械地加

---

① 《马克思恩格斯文集》第3卷,北京:人民出版社2009年版,第466页。

以重复的教条。"① "马克思的整个世界观不是教义,而是方法。它提供的不是现成的教条,而是进一步研究的出发点和供这种研究使用的方法。"② "原则不是研究的出发点,而是它的最终结果;这些原则不是被应用于自然界和人类历史,而是从它们中抽象出来的;不是自然界和人类去适应原则,而是原则只有在符合自然界和历史的情况下才是正确的。这是对事物的唯一唯物主义的观点。"③ 之所以引述了恩格斯的很多话,是因为这些论述阐明了如何运用马克思主义去认识实际的具体问题。当我们在面对很多具体的事物和问题时,不要先行地假定某个原理是对的,然后再把这个原理套用到这些事物和问题上,而是要从事物本身出发,引申出某些哲学原理。现实的生活永远高于抽象的理论,要为了生活而理论,而不能为了理论而理论。

---

① 《马克思恩格斯文集》第10卷,北京:人民出版社2009年版,第562页。
② 《马克思恩格斯文集》第10卷,北京:人民出版社2009年版,第691页。
③ 《马克思恩格斯文集》第9卷,北京:人民出版社2009年版,第38页。

第三章

认识我自己

怎样认识"我是谁"?

人们都是在人生旅途中遭遇不顺时才会反思"我是谁"的问题,因为到了另一个环境,发现自己原来笃信的准则化成了泡影,便会突然迷茫起来。很多人一直以来都有目标,所以觉得人生的意义就在于实现这个目标,突然之间环境变了,目标达不成了,就会好像突然失去了人生的方向。不知老师对这个问题怎么想的?

关于"我是谁"的问题,涉及的方面很多,但是对于大学生而言,"我是谁"的问题实质上是一个认识"真实的自我"的问题,真实的自我是全部有意义生活的基础和前提。乍看起来,"自我"或"我"这个词,是我们最熟悉的,也是我们每天都在使用的。然而这个看起来如此熟悉的"我"或"自我",对于我们来说又是最陌生、最疏远的。正如哲学家黑格尔所说的熟知非真知。正如"善"是相对于"恶"来说的,"美"是相对于

以理服人：大学生关心的马克思主义问题

"丑"来说的，"真实的自我"也是相对于"虚假的自我"来说的。所谓"真实的自我"是指一个人对自我的认识符合自己的实际情况。所谓"虚假的自我"则是指一个人对自我的认识不符合自己的实际情况。显然，当一个人把"虚假的自我"误认为是"真实的自我"时，自我必定会处于迷失的状态中。在我看来，在现在的大学生中，有相当一部分处于自我迷失的状态，甚至他们还把这种状态误认为是正常的，并在这个虚假的基础上制定自己的奋斗目标和希望追求的理想。也许，在很久以后，当他们步入中年甚至老年时，他们才会喟然长叹：我当时怎么会考这个专业？怎么会选择这个方向？怎么会从事这方面的工作？但到那个时候，一切都已经晚了。生命不可能再给同一个人另一次机会，让他退回到自己的青春年华，重新选择自己的生活道路。因此，摆脱虚假的自我、认识真实的自我，是一个对自己负责的大学生的首要的认识任务，这也是为什么我在课堂上说在大学四年中解决好认识自我的问题远远要比考试中得高分重要得多的原因。

　　如果一个大学生真的要认识自我的话，那么至少要真诚地问自己三个问题：我喜欢什么、我擅长什么、社会允许我做什么。第一个是爱好、兴趣，第二个是能力、天赋，第三个是环境、条件。凡是取得较大成就的人无不是较为成功地协调、融合了上述三个方面的人，例如获得诺贝尔奖的人往往都是上述三方面的最优结合，数学让人觉得枯燥，但就我所知，很多大数学家被问及为什么研究数学时，他们的回答总是数学好玩，这就反映出兴趣对一个人成长的重要作用。当然也有反例，希特勒既有领导的爱好，也有领导的才能，但他的所谓事业违背了社会发展的需要，最终被历史扫进垃圾堆，这就反映出环境、条件的重要性了。所以这三个方面是关系到一个人未来人生道路的基础性方面，值得每一个大学生认真思考。同时这三个方面没有什么标准化的选择，适合自己的才是最好的。如果这三个方面考虑清楚了，那么接下来就是技术性的事务了，比如制定计划、寻找资源、付诸实施等一系列事情，这些就不详细说了。

当然，你提到的"突然之间环境变了，目标达不成了，就会好像突然失去了人生的方向"，实际上，如果真正地把自我的问题想清楚了，一般不会遇到人生没有方向的问题，之所以会感觉到突然失去了人生方向，客观环境的变化当然是一个方面，但是对自我认识得不够深刻、不够真实往往也是一个重要原因。其实，人对自我的认识是一个不断深化的过程，人总是倾向于思考自己尚未实现、尚未达到的某些事情，包括人生意义，人生意义是给现实生存着的人提供了一种价值基础，人依赖于这种无形的精神价值才能正常地活下去，人活着不仅需要食物、水、空气，而且需要对自我的认识、对环境的认识、对未来的希望，这些都是支撑人们正常生活的必要条件。

是命运改变人生，还是人改变命运？

我最近突然被一个问题困扰：到底是命运改变人生还是人改变命运呢？在我的印象中，人生就是指人一生的活动，是客观的，而命运是个人的主观意识观念，是主观的，那么我们是不是可以认为"命运改变人生"是一种唯心主义的论断，而"人改变命运"是一种唯物主义的论断？那么我们平时常常说的"这个人命好"或者说"命运是掌握在自己手里的"又呈现一种什么样的关系？越想越乱啊！望老师给予指点。

首先让我们来分析这两个命题：命运改变人生和人改变命运。先抛开问题是唯物主义还是唯心主义的争论，当你问"命运改变人生"，还是"人改变命运"时，这种对问题的提问方式包含着对问题答案的遮蔽。因为这种提问方式预设了"命运"或"人生"是一种既定的、现成的、孤零零的事物，这两者是相互独立、相互隔离的。我们试问一下：难道"命运"能够脱离开

"人生"去改变"人生"吗？难道"命运"在"改变人生"之前不已经就是被"人改变"过的"命运"吗？难道"改变命运"的"人"能够外在于人的"命运"去"改变命运"吗？……以上的这些反问实质上表达了一种意思："命运"和"人"，"命运"和"人生"，本就是一体两面之事，是时刻不能分离的，"命运"本就是"人"的命运，而"人"也时刻处于"命运"之中，所以无论是"命运改变人生"还是"人改变命运"的提法，都犯了提问方式的错误。马克思曾经面对过到底是"环境改变人"还是"人改变环境"的问题，他尖锐地指出："有一种唯物主义学说，认为人是环境和教育的产物，因而认为改变了的人是另一种环境和改变了的教育的产物，——这种学说忘记了：环境正是由人来改变的，而教育者本人一定是受教育的。因此，这种学说必然会把社会分成两部分，其中一部分凌驾于社会之上。"[1] 以上提问方式反映出来的思维定式便是把"命运"和"人"理解为两个相互外在、完全孤立的事物。

我们对待这些常识性的说法，重要的不在于循着它们的逻辑去思考问题，而是要揭示它们得以成立的前提，把这些在背后规范人们的思维和行为的隐藏的前提和预设揭示出来，以此促使人们自觉到自己的思维方式的问题。为了使"命运"和"人"不至于在提问中被割裂开来，或许我们可以这样说：人的命运改变时刻处于命运中的人，时刻处于命运中的人改变人的命运。当然，在意识到命运与人之间的内在联系基础上，你所提到的那种

---

[1] 《马克思恩格斯文集》第1卷，北京：人民出版社2009年版，第504页。

通行提问方式仍然可以保留，关键在于不要割裂两者间的内在联系。

在不割裂两者间内在联系的基础上，我们可以回答你所提出的问题："这个人命好"或者说"命运是掌握在自己手里的"呈现一种什么样的关系？"这个人命好"表达的是命运支配人生或者说命运改变人生的观点，这一观点认为命运是原因、是起支配作用的因素，所以才会有好的人生。"命运是掌握在自己手里的"表达的是人改变命运的观点，这一观点认为人是原因、是起支配作用的因素，所以才会有"命运被掌握在自己手里"的现象。表面看来，这两种说法是对立的，但是马上需要注意的是，这种认为两种说法是对立的认识本身就是表面的，还没有深入到问题的实质结构中去，我们需要有对问题的更加本质的认识。实质上，这两种说法的结合（而不是单说某一方面）正是真实人生的写照和真实命运的描述，它表征着人的生命和生活的解释学循环。人生在世（作为命运和人生的合题）本就是人在命运中去思考命运、改变命运、抗争命运、创造命运从而成为人的过程。试想一下，人不就是在改变命运中才成其为人吗？动物从来不会想到"改变命运"的问题，也不会去"改变命运"，动物只能够本能地适应大自然赋予它的命运，所以亿万年前的一只猫和今天的一只猫没有多大差别，即使有差别，这些差别主要是大自然迫使它并且带给它的；而人在亿万年的进化过程中发生了多么巨大的改变，远的不说，十年前的人和今天的人有多大差别？今天的你和将来工作的你将会有多大差别？这些都是人对于命运的改变，而正是在对命运的改变过程中，人才真正地成为人。原来，"改变命运"就是人的题中之义，而人只有在"改变命运"的过程中才使得自己成为人，人和命运原本就是一体的，解释学循环本就是人的生命和生活的内在结构。我们的任务不在于脱离这种结构，而在于更好地、更深刻地进入到这种结构中去。

　　你会发现，一个问题的提问方式在遮蔽答案的同时也在预示着答案，当我们在"不要割裂两者间的内在联系"的基础上回答问题时，我们最后实际上又回到了这一基础上，当然是带着对问题的更深刻理解、在更高的起点上回到这一基础，这也许就是爱因斯坦强调的"提出问题比解决问题重要得多"的原因吧。

等我死了,那个"我"还存在么?

有一个我从小就在想的问题,我们把自己现在物质的身体以及自己的思想叫做"我",那么等我死了,那个"我"还存在么?是空虚的存在还是到了别人身上呢?

不知你发现没有,越是日常生活中常见的事物,就越是难以给出一个明确的定义。我们常常见到美的东西,见义勇为是一种美,上海外滩很美,但"美是什么"?恐怕很少有一种美的定义是不会引起争议的。我们每天都看到人存在着,衣服存在着,电脑存在着,但是很难说清"存在是什么"。同样,我们每天都见到各种各样的"我",有的"我"率性而为、不拘小节,有的"我"谨小慎微、锱铢必较,有的"我"钩心斗角,有的"我"无拘无束,有的"我"专注学业,有的"我"沉迷爱情,单是一个"我是谁"的问题就把整个人类难倒了几千年。其实,"我"不仅仅包括你所说的身体和思想,还有情绪、感情、意志、理性等很多方面。马克思把"人"定义为社会关系的总和，我们可以想一想，一个人如果剔除了他所置身于其中的所有社会关系，他还会剩下什么呢？没有家庭关系，没有亲戚关系，没有同学关系，没有师生关系，没有朋友关系，他生活在一个没有任何社会关系存在的环境中，那么他还能够成其为人吗？所以，"我"的内涵其实是非常丰富的，并不仅仅是身体和思想，在简简单单的"我"的概念背后，有着更深的社会关系意蕴。当说"我"这样一个语词时，并不是孤零零的一个"我"，而是把"我"背后的"我"的世界连根带泥地拔了出来，"我"意味着"我"的世界。如此看来，等我们死后，"我"是否存在的问题的实质就是"我"曾经赖以为生、据以立足的那个"我"的世界是否还存在着？那个曾经让"我"为之焦虑、为之高兴、为之愤怒、为之操心的世界是否还存在着？"我的世界"和"我"是同体共生的，"我的世界"因"我"的存在而有了生机和活力，而"我"因"我的世界"的存在而得以生存、发展和享受，这两者其实是须臾不可分离的。在这种意义上，等我们死了，"我的世界"伴随着"我"的肉体的消失而归于沉寂，"我"伴随着"我的世界"的终结而归于无形，"我"和"我的世界"都变成你所说的"空虚的存在"了。

但是马上要指出的是，"我的世界"绝不是孤零零的一个人的世界，而是融合着他人的感情、意志、理性、关系等诸多事物的世界，仅以"关系"角度论，任何关系至少都是两个人的关系，一个人不可能形成关系，关系并不完全附随于"我"。比如等"我"死了，"我"对他人的影响仍然存在，"我"曾经说过的话、做过的事都会影响他人，也就是说，"我的世界"中的一部分随着"我"的肉体的消失而归于沉寂，但"我的世界"中还有很多留存了下来，继续影响着他人、继续参与着活动的展开、社会的建构、世界的延续等。从这个意义上来说，"我"和"我的世界"转移到了别人的身上，以榜样的、精神的、形象的、记忆的、影像的、书籍的等各种形式继续存在着。比如我们的学长钱学森逝世后，他的"世界"并没有离去，他的形象、著述、事业和精神在更广阔的范围内得到了传播。所以我想说的是等我们死后，"我"既存在又不存在，既是空虚的存在同时还转移到了别人的身上，问题的关键就在于你看待"我"的方式上。

我们就像细胞一样存在着吗？

细胞是生命，有自己的新陈代谢，而无数的细胞组成了我们一般所说的生物。比如人类自己，那么作为你的身体的一部分的细胞，你知道它在想什么吗？这就是另外一种世界观，如果说人在某种层面上就是细胞，我们由不可察觉的纽带相连，那么是否就会有高于我们存在的统一意志？这也许就是所说的"神"，而我们不过是有着自己任务的、不知道神在想着什么的某个小细胞。

你从细胞谈到了关于神的问题，那么我们就从细胞开始谈起。细胞是人的身体的基本的构成单位，你说"它在想什么吗"。要注意的是，这里的"想"是什么意思？我们一般说到"想"，毫无疑问都是指人在想，这里的想的主体是人，而不是什么其他的东西。理所当然地，细胞不可能去"想"。当然，这里的"想"也可以作广义的理解，可以把所有自身对自身以外的变化做出反应的情形都称作"想",这个时候细胞也可以在"想"。所谓细胞在"想",就是细胞在做出某种反应。对于这种反应,我们已经可以运用科学手段来观察和研究,这就不是哲学所能回答的问题了。另外你说"人在某种层面上就是细胞",我觉得把人细胞化,有很多说不通的地方。细胞与人之间的差别太大了,两者难以类比,一旦把人想象为细胞,那么会把人的很多特质取消掉,比如人有社会关系、有喜怒哀乐、有理性感性、要接受教育、要工作、要结婚生育等等,这些都是细胞的概念所容纳不了的。

即使把人类比作细胞,也很难证明"神"的存在。你提到"我们由不可察觉的纽带相连",其实这种"纽带"人是可以察觉的,它可以是社会关系、人际联系、社会交往、组织机构,也可以是思想、情感、情绪,还可以是地区、国家、社会、地球或公司、组织、学校等,我们人和人之间不就是通过这些纽带才相互联系的吗?而且我们也可以对这些纽带进行观察、考察、研究和认识,并进一步加以改造,使之更适合人的生存和发展的需要。当然,还有很多我们人类尚未认识的东西,但是这些东西并不是不可认识的,只要人类能够继续生存下去,可以预见的是人类的认识能力和认识范围都会以现代人难以想象的速度继续发展,就像古代人难以想象我们现代人的认识能力和认识范围一样。在古代很长一个时期,人体对于人来说是个非常神秘的领地,因为当时没有人也缺乏技术去解剖人体,去人体内部一探究竟,所以人们会认为人体是神秘的。但是随着现代医学技术的发展,人体解剖技术迅速发展,人们已经非常清楚地了解了人体的构造、组织等（这个过程还将继续进行下去），这时人们对于人体的神秘感自然而然也就消失了。当现实条件的不成熟或者客观事物的内部关系还没有揭示出来时，人们往往以主观臆想的联系去代替客观事物本身的联系，从而构成对事物的虚幻的表达，这尤为突出地表现在神话、传说、宗教等意识形态对社会生活的虚幻反映中，所以在生产力和科技水平极不发达的条件下，中国有盘古开天、女娲造人、嫦娥奔月、愚公移山、牛郎织女的神话传说，西方有丘比特神箭、阿喀琉斯之踵、雅典娜智慧的神话传说。然而伴随着生产力的迅猛发展和科技水平的日益提高，人类认识世界和改造世界的能力获得了迅速提升，客观事物的内部关系也就逐渐地向人们呈现出来，人们也就不再需要借助想象的方式来认识客观事物了。"成为希腊人的幻想的基础、从而成为希腊［艺术］的基础的那种对自然的观点和对社会关系的观点，能够同走锭精纺机、铁道、机车和电报并存吗？在罗伯茨公司面前，武尔坎又在哪里？在避雷针面前，丘比特又在哪里？在动产信用公司面前，海尔梅斯又在哪里？任何神话都是用想象和借助想象以征服自然力，支配自然力，把自然力加以形象化，因而，随着这些自然力实际上被支配，神话也就消失了。"[1] 同样的道理，世界也并不神秘，所谓的"神秘"其实不是世界本身的神秘，而是相对于人的认识能力和认识范围来说，世界还显得比较"神秘"，在这种情况下，"神""宗教"等现象也就被人们当做认识客观事物的方式了。

---

[1] 《马克思恩格斯文集》第8卷，北京：人民出版社2009年版，第35页。

人的争强好胜源自动物的争强好胜吗?

老师,我觉得人的行为和动物的行为本质上是一样的,人们争强好胜,其实源自动物的争强好胜,不知老师对这个问题怎么看?

你认识人的角度实质上是一种动物学的角度,即把人的行为归结为动物的反应,这样一种认识方法(注意,这是一种认识方法,而不仅仅是一种观点)是还原论的方法。还原论主张把高级的生命形式还原为低级的生命形式,认为人的行为都可以看成是比人更低级、更基本的动物行为的反映,因此可以用动物行为的规律代替人的行为的规律。在表现形态上,还原论方法主张对人的行为不断进行分析,从整体到部分,变复杂为简单,恢复人的行为的原始本能状态。例如,一些学者往往会把人的追求卓越归结为动物世界中的追求优势等。还原论方法能够帮助人们理解人的行为的很多方面,因为人的行为是一个很复杂的领域,直接地研究人的行为几乎是不可能的，那么一个方便的途径便是将它分解成一些足够小、足以理解的部分，分别加以分析，这样就能够获得对人的行为的更加完整的认识。例如，人的生理行为和动物的行为有很多相似的特征，医学上要研制一种新药，往往会先在动物身上进行药物试验，然后根据试验结果才会进行人体试验，之所以要先进行动物试验再进行人体试验，除了人身安全的考虑之外，这一做法的认识论依据便是动物和人体是相似或一致的，表面上不同的动物和人体实质上是同一的。还原论方法极大地促进了科学的发展，也帮助人们认识清楚了很多复杂事物。

然而，还原论方法的致命缺陷却是忽视了整体和部分、复杂事物和简单事物的质的区别，这尤其突出地表现在对人的行为的研究上。还原论持有这样一个根深蒂固的预设：复杂事物是由简单事物组成的，复杂形态是由简单形态构成的，既然如此，那么简单事物和形态就是复杂事物和形态的本质与本原。不难发现，这一预设将复杂当成了简单的机械总和，将复杂简单化了，这不可避免地会导致对复杂事物的错误认识。现代社会科学已经揭示出，简单事物及其形态的任何一部分从原有整体中分裂出来后，它就不再仅仅作为简单事物的一部分而存在，它所显示的本质与简单事物的本质已经不可同日而语。与此类似，尽管人来自动物界这一点支持着人的行为与动物行为具有相似性这种认识，不过人的行为和动物行为的区别却是主要的，而且这一区别也是人与动物相区别的关键，这就是人具有动物所不具有的社会性。以吃的行为为例，虽然动物在吃，人也在吃，但是动物用爪子吃生食，类人猿用爪子吃熟食，而现代人则在遵守一定的礼仪规范前提下（如尊老爱幼、座位排序等）用器具吃熟食，这其中的差别是本质意义上的。"饥饿总是饥饿，但是用刀叉吃熟肉来解除的饥饿不同于用手、指甲和牙齿啃生肉来解除的饥饿。"[①] 人的行为是不能简单地归结到动物行为上的。其实，这方面问题探讨到最后都会面临一个问题：人何以会成为人？或者说人区别于动物的最本质方面是什么？有的人说是劳动，有的人说是理性，还有的人说是理想等，不一而足。但是，不管具体答案是什么，这些回答都默认了一个根本前提，即人和动物是有本质差别的，用动物行为是无法解释人类行为的，更无法解释人类社会的各种复杂现象。比如同学们来到交大学习、上课，这一点如何能够用动物行为来解释？如果采取动物学解释的话，必然会把本来复杂的人类行为简单化。当然，简单化不是不对，但我们需要的是合理的简单化，而不是建立在动物学上的简单化。如果把人的行为动物化，就会极大地贬低人的存在价值和人类社会的成就，这一点实质上是任何人都无法接受的，有哪一个正常人愿意把自己的行为当做是动物的行为呢？

---

① 《马克思恩格斯文集》第8页，北京：人民出版社2009年版，第16页。

选择奋斗，还是选择幸福？

长久以来，有一个问题一直困扰着我：什么是幸福？怎样追求幸福？最近刚刚读了一点罗素的书，他里面关于幸福的定义是这样的：我希望从金钱中得到安逸快活的闲暇时光。而让我困惑的是，这个观念和当代社会主流观念所提倡的个人奋斗有很大的差异。我们往往赞许那些通过自身奋斗创立起一个大企业，或者晋升到某个职务的那些人，而他们未必很幸福。这就让我产生了疑惑，就整个社会来说，需要一大批人去不断奋斗，使得社会能够更好更快发展，而对于个体来说，每个人本质的追求是幸福，幸福来源于平淡的生活体验。这两者是不是矛盾呢？我们该怎样去平衡它们？希望老师能帮助我更好地理解这个问题。

同学，你提了一个非常好的问题。问题好坏与否的重要标志是能否揭示事物之间潜在的冲突。如你所说，社会需要个体去奋斗，奋斗意味着劳累、痛苦、挫折乃至失败，而个体的追求却是

以理服人：大学生关心的马克思主义问题

幸福，幸福意味着平淡、平凡、闲暇，这样看来，社会的价值导向和个体的价值取向是冲突的，而当代社会的很多问题恰恰从这种冲突中引发，那么我们该怎样去平衡它们呢？我想以上就是你所关注的问题的核心。

你所关注的问题在罗素的《俗物的道德与幸福》一书中有论述，我找来看了一下。他关于幸福的理解是：我希望从金钱中得到安逸快活的闲暇时光。请注意，这里理解幸福的关键是把金钱看做什么东西。很多人是把金钱看做人生的目标、幸福的中心，而罗素则是把金钱看做通达幸福的途径、人生快活的手段。这样两种对待幸福、实质来说是对待金钱的观念是截然不同的，主流观念把金钱理解为人生的目标，而罗素把金钱理解为一种手段、一种途径、一种实现目标的工具而已。罗素不认为金钱是至高无上的，而是认为金钱应当服务于人生安逸快活的大目标，金钱相比于安逸、闲暇来说，是实现目标的手段，而不是目标本身。不过问题恰恰就在这里：明明是应当被当做手段的金钱，现在却上升成为人生的目标，本来符合人们自然追求的幸福，现在却被金钱的强势压倒了，以致现代人不得不按照现代社会的主流观念来规划自己的日常行动，而无法按照自己对幸福的理解来开展自己的日常生活。

社会所倡导的并不是个人所追求的，而个人所追求的在强大的社会倡导面前只好退居其次，这反映出社会和个人之间的冲突。客观而言，社会和个人之间的冲突既有历史的合理性，也有历史的不合理性。为什么这么说呢？就合理性而言，现代社会倡导"拼命工作、努力赚钱、及时消费"的价值观，这种价值观虽然不能保证人们的安逸快活和幸福生活，但社会的发展内在地需要人们去努力奋斗、创造财富和消费商品，否则社会成员维持基本生存和生活的物质条件也无法得到保障。试想一下：一个社会的多数成员每天都安于过着平淡的生活，那么这个社会的生产力发展速度和发展水平会是怎样？社会成员日常生活所需的大量消费品有谁去生产？假设这个社会有100个人，平均每天消费200斤食物，如果人们要过安于平淡的生活的话，那么他们每天只能生产100斤食物，这就满足不了人们的日常生活所需，这就是"物质匮乏"；如果人们为了多挣钱，就会努力工作，这样每天就会生产出300斤乃至更多的食物，因为人们只需要200斤食物，就会在300斤食物中进行挑选，因此生产食物的人们之间就会有竞争，有竞争就会迫使人们改进生产技术、提高生产力、改善管理等，这在无形中会推动一个社会的生产力快速发展，在发展当中人们的物质生活水平就会提高。当然，多挣钱、努力工作会打破人们的安逸快活和幸福生活，不过现代人正在用亲身实践进行着选择：两利相权取其重，宁可要没有安逸的富裕生活，也不想要贫穷的闲暇时光。现代人在不约而同地放弃安逸快活、追求奋斗成功，这一事实不是任何人教导的结果，也不是某个意志的结果，它实质上反映出社会价值导向的历史合理性。正是其中蕴藏着合理性，蕴藏着人们想要幸福就必须去努力、去奋斗的"铁的逻辑"，所以它才会成为现代社会的主流观念。如果从更为抽象、更为深刻的哲学层面来看，社会价值导向压过个人价值取向实际上说明了社会发展是个人发展（包括幸福）的条件和前提，个人的发展无法脱离社会的平台，个人发展目标的实现，

以理服人：大学生关心的马克思主义问题

首先需要社会向个人提供一定的物质保障和充足资源，而社会要发展，就需要个人的努力奋斗，这就是个人发展对社会发展的依赖性。

不过需要注意的是，社会所倡导的并不天然就是正确的，社会价值导向有可能会走上歧途。当我们这样说的时候，实际上我们是把判断社会价值导向正确与否的标准放在了个人发展上。不管一个社会的生产力水平如何高、发展速度如何快、物质财富如何充足，如果这些不能够对人们的幸福生活发挥积极作用，那么这样的社会发展还有什么意义呢？这样的社会发展还能称得上是"发展"吗？虽然社会发展是个人发展的条件和前提，但个人发展是社会发展的目标和中心，社会发展只有最终有益于人、有益于人们生活的改善、幸福的增进，这样的社会发展才是值得提倡、值得追求的。以此观照当下的现代社会，不难发现现代社会的主流观念发生了很大偏差，本应处于生活中心的幸福、安逸、闲暇（目标），现在却让位于金钱、成功（手段），而有众多的调查研究已经揭示出：金钱、成功与幸福之间没有必然的联系，不是有了金钱、有了成功，就一定会带来幸福，有了钱还有如何花钱等问题，有了成功还有如何处理人际关系等问题，这些问题处理不好，那么幸福同样会非常遥远，这是需要我们对现代主流观念进行反思的地方。另外，现代人也不是不追求幸福，很多努力奋斗的人的最大驱动力就是要获得幸福，但是在追求幸福的过程中，一是很多人往往从财富、成功的角度狭隘地理解幸福，把占有物质财富、获得个人成功当做是幸福的实现，如果对幸福的理解有偏差，那么追求幸福的过程就会发生偏差；二是很多人为了获得现代人公认的幸福（有房有车有钱等），就想要住上豪宅、开上名车，这要求他有一个好工作，好工作要求他有一个比较高的学历，而高学历又要求他付出相当多的金钱和精力。可以看出，很多人恰恰是为了获得幸福，才会变得忙忙碌碌。所以，对于现代社会的主流价值导向需要进行反思，因为它不完全符合个人发展的目标（包括幸福），即违背了个人发展是社会发展的目标和目的这样一个大原则，这就是个人发展对社会发展的目的性。

总起来说，社会发展和个人发展这两者相互联系、相互制约，在某些历史阶段，个人发展要让位于社会发展，只有社会发展了，才能为个人发展奠定比较坚实的基础。但是从历史整体来看，个人发展毫无疑问是社会发展的目标和指向，离开了个人发展，无论社会发展得多么繁荣、迅速，都是没有意义的。因此要实现社会发展和个人发展的平衡，就需要根据每个历史阶段的具体情况，来具体地分析和确定事情的轻重缓急，争取实现两者的双赢。在这方面，我们有过很多教训，比如为了保证所谓的"人人平等"，我们曾经强行实行"大锅饭"式的平均主义，大家倒是平等了，但每个人都没有劳动的积极性了，社会的活力被窒息了，人们的生活始终停留于温饱水平，这就没有处理好效率与公平、个人富裕与社会平等之间的关系。实际上，社会和个人的关系是很难处理得完全平衡的，尤其是在整个社会的层面上，不平衡是绝对的，平衡只是相对的，我们的任务只是在于以尽量少的代价取得尽量多的成就，不管是个人还是社会。

西方经济学的"理性人"假设有什么问题?

不得不承认,在我的观念里面,一直存在着"抽象人性"的认识,通过你讲的我认识到了没有永恒不变的人性。虽然我接受了事物都是变化和发展的观点,但是从另一方面讲,事物的演变总该是有一个过程,而像关于人性的命题,其演化速度,至少在我看来总是相当缓慢的,因此在相对的时空域里面去研究就比较有现实意义了。比如西方经济学里面就有关于"理性人"的假设,我想这可能就是西方经济学为什么会有当代意义的原因吧。

你在邮件中谈道"虽然我接受了事物都是变化和发展的观点",请注意:接受一种观点和真正地按照这种观点的要求去认识事物是两码事。只要是一个人想要正常地生活下去,大概都会接受类似真理、正义、诚实、宽容等的观点,但是又有多少人能够在自己所涉及的领域都真正地按照真理、正义、诚实、宽容的要求去展开自己的现实生活呢?例如有的人刚刚听了一堂关于追求真理、遵循学术规范的讲座,他听的时候完全可以是忘我的、投入的,但是回到实验室就又习惯性地开始学术造假,这两种行为在他那里是丝毫不冲突的。接受一种观点是容易的,但是真正地按照这种观点去做则往往是困难的。

仍然以你谈到的人性为例,尽管你现在也承认没有永恒不变的人性,但是西方经济学中的"理性人"得以成立的前提便是永恒不变的人性观,它把"理性人"抽象化、永恒化和绝对化,无视特定的历史背景、时代环境、文化心理对人的经济行为和经济心理的影响。正像杜威所说:"如果人性是不可改变的,那么就不存在教育这类事情,我们从事教育的全部努力就注定会失败。"[1] 杜威的逻辑是反例法,即如果人性的基底是永恒不变的话,那么现实社会的教育活动还有什么意义可言呢?教育的一个使命不就是认识人性、影响人性、疏导人性吗?实际上,只要依靠常识就能够知道,现实生活中的人有时会感性,有时会理性,有时会冲动,有时还会舍己救人,这一点恐怕是坚持"理性人"假设的经济学家也承认的。不过即使认识到这一点,经济学家还会提出人性理性自私的观点,即一切利他行为无不来自理性的利己之心。他们的理由是助人为乐、舍己救人都是理性自私的,因为当这些人觉得助人为乐和救人光荣的时候,是从自己的心理需求出发的,而且满足了自己的主观欲望。不得不说,这种用心理

---

[1] [美]杜威:《新旧个人主义——杜威文选》,孙有中、蓝克林、裴雯译,上海:上海社会科学院出版社1997年版,第125页。

需求的满足来界定理性自私的方法，混淆了社会生活中自私与无私、利己与利他的客观存在的界限，也混淆了真善美与假丑恶的客观存在的界限。我们总不能不切实际地要求人们带着"助人为苦""救人为耻"的心理感觉去助人、救人吧？所以，现实生活中人性的表现是复杂多样的。

但是，为什么西方经济学家会如此钟情于"理性人"假设而置正确的常识判断于不顾呢？我想这和经济学的学科追求有关。自从17、18世纪以来，以物理学为代表的自然科学取得了举世瞩目的巨大理论成就，究其缘由就在于自然科学能够摆脱人为因素的干扰，从而保证了研究结果的客观性、普遍性和稳定性。自然科学的成就既启发了西方经济学，又给西方经济学带来了强大的压力，经济学要想挤进科学的行列，就必须按照自然科学的标准来塑造自己，这首先要求经济学在方法上和自然科学接轨，其结果是经济学的前提假设必须消除"主观性""特殊性"和"不稳定性"。令西方经济学兴奋的是，"理性人"假设可以承担消除"主观性""特殊性"和"不稳定性"的重任，从而在前提上保证了研究结果的可靠性和可信性。所以我们会发现，西方经济学家会不约而同地默认人性是理性的、自私的，并从这样一个无须证明的前提出发展开自己的经济学理论体系。寻求稳定性或者说稳定偏好，是包括经济学在内的所有科学的追求目标，然而人的行为总是充满不稳定性，一旦把本来不稳定的行为和人性定位于"稳定的"行为和人性，这就悄无声息地抹杀了人所具有的各种社会性因素，就忽视了人性的历时性变化因素。一句话，这是经济学家以主观臆想的人性去代替客观存在的人性本身。就此而言,所有建立在"理性人"基础上的经济学理论,便从根本上变成可怀疑的了。所以,今天的西方经济学之所以有价值,恰恰不是因为其"理性人"假设,而是来自对"理性人"假设或多或少的修正、补充和反思。

人性是自私的吗?

我一直在想,是什么维系着整个社会的发生、发展,特别是人与人之间的联系到底由什么维持着。于是乎我就去揣摩不同的人、不同的心理。我在做世博会志愿者时发现每个人都在争先恐后地抢位子,由此我悟出人的本性应该是相同的,即人性是自私的,人性自私这一点使得很多问题变清晰了。

在关于人性这个问题的认识上,关键不在于人性是什么,而是用什么方法去认识人性,运用不同的方法认识人性,就会得出截然不同的人性观点,或者说截然不同的人性观点的背后,实质是认识方法的不同。在你这样一个年龄的时候,我也认为人都是自私的,都是为着自己的利益来考虑的,但是随着知识的增长和视野的拓宽,我逐渐发现人性自私观点的成立默认了一个前提,即存在一种永恒不变的、自从人类诞生以来就不变化的而且不随着时代背景和历史环境的变化而发生变化的人性，即抽象人性。不管抽象人性被表达为感性人或理性人，还是被表达为自私人或无私人，抑或人性善或人性恶，其最终结果都是把现实的、活生生的人变成了抽象的人，把现实存在的丰富人性变成了单一永恒的抽象人性。试问：这种一成不变的抽象人性存在吗？如果说这种抽象人性存在的话，那么我们当然可以研究它是什么、是怎样的（即人性自私、人性善良、人性既利己又利人等等），但是在我看来，它根本就不存在，这种仅仅在人的主观想象中存在的人性在现实人类社会中从来就没有现实地存在过，存在的人性只不过是在具体时代背景和历史环境下的具体的人性。比如你谈到你在世博会做志愿者期间感受到的人性，我想这种环境表现出来的人性和你家庭中表现出来的人性很不相同，和无数战争环境下表现出来的人性很不相同，乃至和原始社会中人们获得食物后就会非常自觉地交给集体然后共同占有、平均分配过程中表现出来的人性很不相同，而所有这些很不相同的人性是不能够用"自私"一个词来概括的。自私只是人类社会发展到一定程度、一定阶段后才会出现的一种历史性的现象，不是从来就有的，也不会永远地存在下去，但抽象人性论却将某一种历史环境中的人性当成了永恒不变的人性，这就把人给抽象化了。

从思维方式来看，抽象人性论采取了这样的步骤：先是把社会还原为个人，再把个人还原为某些不变的心理特征，如理性、感性、善、恶等，然后再从这些心理特征出发，构建出理想的价值标准和社会模型，运用这些标准和模型来衡量现实社会和现实的人。请你再看一下你的问题的提出方式，不正是重复着以上的抽象人性论的步骤吗？根据抽象人性论，"个人被抽象地描绘成一种既定的人，有着既定的兴趣、愿望、目的、需要等；而社会和国家则被描绘成或多或少满足个人要求的实际的或可能的社会安排体系。按照这种看法，社会政治规章制度统统都是一种技巧，一种可变的工具，一种能够独立完成既定个人目的的手段；这里的手段和目的是有区别的。这种抽象的个人观的关键就在于，它把决定社会安排（实际地或理想地）要达到的目标的有关个人特征，不管是本能、才能、需要、欲望、权利还是别的什么，都设想成了既定的、独立于社会环境的。"[1] 然而问题的关键就在于人性是抽象不变的吗？

实际上，这种仅仅在想象中存在的抽象人性，本身便是社会的产物。马克思在批判"抽象的人"这种观点时指出："被斯密和李嘉图当作出发点的单个的孤立的猎人和渔夫，属于18世纪的缺乏想象力的虚构。这是鲁滨逊一类的故事……在这个自由竞争的社会里，单个的人表现为摆脱了自然联系等等，而在过去的历史时代，自然联系等等使他成为一定的狭隘人群的附属物。这种18世纪的个人，一方面是封建社会形式解体的产物，另一方面是16世纪以来新兴生产力的产物。"[2] 一旦人们用历史的眼光去考察历史中的人性，就会发现"个人"实际上是历史的产物，在各种共同体形式还是人们的生存依赖单位的时代，"个人"不仅没有出现，而且也缺乏被理解的基础。"我们越往前追溯历史，

---

[1] 〔英〕卢克斯：《个人主义》，阎克文译，南京：江苏人民出版社2001年版，第68页。

[2] 《马克思恩格斯文集》第8卷，北京：人民出版社2009年版，第5页。

个人，从而也是进行生产的个人，就越表现为不独立，从属于一个较大的整体；最初还是十分自然地在家庭和扩大成为氏族的家庭中，后来是在由氏族间的冲突和融合而产生的各种形式的公社中。只有到18世纪，在'市民社会'中，社会联系的各种形式，对个人说来，才表现为只是达到他私人目的的手段，才表现为外在的必然性。但是，产生这种孤立个人的观点的时代，正是具有迄今为止最发达的社会关系的时代。人是最名副其实的政治动物，不仅是一种合群的动物，而且是只有在社会中才能独立的动物。"[1] 这就要求我们历史地在特定的条件和环境下来考察人性，这便是认识人性的具体分析方法。所以，我觉得你的认识人性的方法实质是一种抽象方法，虽然在特定时空中有合理性，但是一旦放到整个人类社会的维度来看，就变成极不合理的方法了。我想应当运用"从抽象上升到具体"的方法来认识人性，即始终在具体的历史环境中来考察人性的变化、发展及其内在规律。

---

[1] 《马克思恩格斯文集》第8卷，北京：人民出版社2009年版，第6页。

难道没有抽象的人性吗?

课堂上老师提到对于人性的探讨,同学们比较赞同人性是一成不变的,但老师您提出了不同的例子证明不同环境下人性的表现是不同的。但是,人性就是人们在不同环境下表现出来的状态吗?我觉得人性是一个本质的、关于人内心的属性,暂且不说它会不会随着时间流逝而改变,但至少老师提出来的论据难以让人信服。在原始社会,人们会主动把猎到的动物主动交公,那么他的人性就是无私善良的吗?我觉得这是集体以及生存所带来的压力迫使他们这样做的。人们在家中孝敬长老是出于人之本性?更可能是出于约定俗成的道德伦理的约束吧。所以,我觉得就具体事例来讨论人性都是不合理的,谁也无法明确说出内心最真实的想法是什么,谁也不能逃脱家庭社会各种束缚所带来的压力,毕竟受约束的人性并不算真正的人性。

对于人性问题的探讨,我举的例子只是为了揭示"人性本私"这一观点的方法论缺陷，不过这些例子并不能反过来证明人性无私的观点。实际上，举例只是一种不完全归纳法，从不完全归纳中是无法得出一般性观点的，在人性问题上无论主张善、恶或其他等，都可以找到大量的反例加以反驳，这正像你说的"就具体事例来讨论人性都是不合理的"。不过，我在课堂上反复说过这样一个道理：人性问题上的不合理主张并不是主张人性是善的或恶的，而在于"人性是怎样的"的主张方式本身便是不合理的，即这种方式是一种撇开与人性密切相关，而且人性一定会在其中发生变化并表现出一定形态的历史环境。从来没有抽象的人性，只有具体的与一定历史环境（比如你谈到的道德伦理、家庭、社会等）联系在一起的人性。也许你关注的是人性成其为人性，必定有一个所有人性的具体表现都共同拥有的一种属性，即你说的"人性是一个本质的、关于人内心的属性"，在这种意义上，人性是有一个属于自己的质的规定性，否则我们就无法区分人性和其他事物了。但是，人性的质的规定性仅仅存在于抽象人性与具体人性之间的辩证联系中，从来不存在一种脱离了具体环境的人性。就像从来不存在抽象的人，人（即抽象的人）仅仅存在于张三、李四、王五等具体的人之中，并通过具体的人表现出来，不能够脱离具体的人来谈论人，这样的道理同样适合于人性问题。

你还谈到了"受约束的人性并不算真正的人性"，这个道理我当然是赞同的。如果我继续问什么是真正的人性，按照这句话的逻辑，你也许会说：没有受到约束的、符合人性的成长和发展规律的、在自由环境下表现出来的那种人性才是人性。不过请注意：人性从来都不是按照我们认为它应该怎样的规律表现出来的，从来都是在继承下来的、先前已经确定的环境中表现出来的。实际上你提到的"集体以及生存所带来的压力""约定俗成的道德伦理的约束""家庭社会各种束缚所带来的压力"，不正是继承下来的环境、先前已经确定的环境吗？这些环境不正是人性注定要表现于其中并与之相联系的诸多因素吗？这也恰恰是人性问题上不容易理解但容易忽视的问题，人性理解的困境就是在这里，而要破解人性理解的困境也要从这里开始进行。例如我们要考察现实的人性，就要关注"集体以及生存所带来的压力"，但是古往今来的集体形式有很多种，抽象地谈论集体是没有意义的，传统社会有氏族、公社、家族等集体形式，现代社会有社区、公司、国家、全球等集体形式，每一种集体形式给予人性的压力及其效果都是不同的，那么就要去分析各种集体形式，才能探究清楚人性表现于其中的环境，从而推进对人性的认识。这里所涉及的还只是有形集体，而你提到的道德、伦理等，难道不是无形集体吗？难道在不同道德、伦理的作用下人性的表现都会一样吗？肯定是不一样的，所以就要根据具体环境来分析人性。我认为我们所反对的只是抽象地谈论人性的方式，而主张一种具体人性观，主张在特定的历史环境中来考察现实的人性。

马克思对人性是怎样思考的？

我想，马克思主义很伟大，但它认为人性是可以无止境地予以改造的，因此只要把惩治和教育结合起来，就可以造就出一批毫不利己的新人，甘愿投身到社会中为社会服务，实现柏拉图在其《理想国》中所描述的那种社会："在社会生活中，完全没有私人或个体之分。"

而我认为，有些本能是人生来就有的，比如利己性，共产主义不能改变人的本性。看现在的社会，尽管国家一直加强思想道德教育，但社会道德沦丧的现象时有出现。我一直觉得马克思主义真的非常了不起。不过这些问题也让我产生很大的困扰，希望老师能给予解答，谢谢。

关于对人性的认识问题，马克思并不是像你说的"人性是可以无止境地予以改造的"。马克思虽然认为人性可以改造，但是只能在一定的历史条件之下，不脱离或超越历史条件所允许的范围去改造人性，否则那样只能产生历史的笑话和人性的灾难。马克思在《德意志意识形态》中指出："'解放'是一种历史活动，而不是思想活动，'解放'是由历史的关系，是由工业状况、商业状况、农业状况、交往状况促成的。"[①] 不具备一定的物质条件和历史环境，强行按照某种理想标准去改造人性，只会导致现实的人间灾难。例如在"大跃进"运动中，人们主观地相信"狠斗私字一闪念"就能够把每个人变成大公无私的人，就会"跑步"进入共产主义社会，但是历史实践已经残酷地证明这种仅仅出于美好理想，而不依据当时当地的物质条件和社会生活条件改造人性的做法，是极其不切实际的，这种以马克思名义做出的举动实际上严重地违背了马克思主义的精神实质，所以像你提到的"造就出一批毫不利己的新人，甘愿投身到社会中为社会服务"，就不仅不可行，而且也不是马克思主义。

那么到底"什么是人的本性"呢？也许很多人会说人的本性就是自私自利。在这里，我倒不想直接地证明这句话的对错与否，更重要的是要认识到这句话背后的前提是什么。请注意，人性自私的观点默认了一个前提，即存在一种永恒不变的、自人类诞生以来就不随着时代背景和历史环境的变化而发生变化的人性，即抽象的人性。试问：这种一成不变的抽象人性存在吗？如果说这种抽象人性存在的话，那么我们当然可以研究它是什么、是怎样的（即人性自私、人性善良、人性既利己又利人等等），但是在我看来，它根本就不存在，在现实的人类社会中从来就没

[①]《马克思恩格斯文集》第1卷，北京：人民出版社2009年版，第527页。

有抽象的、一成不变的人性，而只有在具体时代背景和历史环境下表现出来的具体的人性。所以人性自私观点的不合理性首先不在于人性到底是自私或不自私，而是这一观点以永恒不变的人性观作为自身成立的基础，这个基础本身是虚假的，自然就会导致建立在这个基础之上的观点也是虚假的。其实，即使认为人的本性是无私的，这一观点的问题和前者的问题也是一样的。退一步说，假设人的本性是自私的，那么如何解释人类社会古往今来那些伟大的母爱、忠贞的友情、高尚的情操？如何解释那些非功利的举动以及无数人曾经为了某个非个人的目标而甘愿献出自己的青春、热血乃至生命的行为？你的问题就已经承认了人性是不同的，没有一成不变的人性。如果把人都解释成自私之人的话，这是不是就一笔取消了人类曾经有过的一切称得上崇高、伟大的行为呢？当然，我这样说并不是证明人性自私的反面，即人性是无私的这一观点就是正确的。实际上，谈论人性一定要和具体的历史时代、历史环境相联系，因为人性总是一个错综复杂和矛盾重重的事物，它绝不是只有一种色彩和一种性质，这也是为什么那些刻画出人性之复杂、微妙的电影总是好看，而那些旨在塑造人性之高大全的电影无人问津的原因，我们对人性的真实看法（这种看法往往不被我们自己所意识到）不早已经通过对不同电影的态度鲜明地反映出来了吗？

预设的重要性在哪里？

在老师的课上我习得了一个很重要的词，叫做"预设"，这让我想起了在数学和物理中经常会用到的几类证明方法，都用到了假设、验证成立、证明成立。但是在哲学中，预设却往往不能够成立，即使能够在预设的基础上得到很多看似正确的命题，但是预设却是不正确的，恐怕这也是马克思在许多著作中批评过的问题。试问，预设可否成立？如果预设可以成立，通常是用哪些方式来证明它的成立？哲学是否存在像数学中的公理那样的基本的公理？

你提的问题非常有意义，从预设的角度可以看清马克思主义的本质特征及其与西方许多理论的本质区别。为了讨论问题的方便，我们首先给预先做个定义：预设又可称为假设、前设、先设和前提，是指一种理论为了合乎逻辑地推出结论而必须满足的前提。由于预设直接关系到一种理论的观点、结论能否成立，所以考察预设便成为证明理论或反驳理论的一个重要途径。例如在一个三段论式"凡金属都能导电、铜是金属,所以铜能导电"中,"凡金属都能导电"便是预设,如果"凡金属都能导电"这一前提不成立,那么"铜能导电"的结论就无法成立。这一例子还比较容易理解,因为它的预设是直接、明显的,而在很多话语和理论中,尽管确实以某些预设为立论的根据,但是预设并没有被揭示出来,这就给人们认识话语和理论的真实性质造成了障碍。例如在"人非圣贤、孰能无过"这句话中,它隐含着一个预设,即"圣贤是无过的",只有这个预设成立,那么这句话才能够成立,但问题是圣贤真的不会犯错误吗?像尧、舜、禹、孔子等被当成圣贤的历史人物,难道不会犯错误吗?我想不必援引什么历史资料,就能做出判断:圣贤会犯错误。当明确了这一点后,"人非圣贤、孰能无过"这句话也就不攻自破了。

实际上,通过"圣贤无过"的预设,还可以深入分析中国人的圣贤崇拜、英雄史观及其唯心主义基础等一系列问题。由此,我们不难感受预设对于一种话语和理论的正确性所具有的重要意义。预设属于演绎逻辑,而非归纳逻辑,它从逻辑上影响着一个命题的真理性质,预设错,则结论必错;预设对,则结论未必对,预设是结论正确的必要非充分条件。当我们分析一种理论时,一个不可缺少的方面便是分析它的预设的正确性,这也是马克思展开理论批判的重要路径。例如在《1844年经济学哲学手稿》中,面对"谁生出了你"的问题,直接的答案很简单:你是你父亲和你母亲所生,而你会进一步发问:谁生出了我的父亲?谁生出了他的祖父?……直到我提出问题:谁生出了第一个

以理服人：大学生关心的马克思主义问题

人和整个自然界？就此而言，"谁生出了你"的问题的本质是：谁生出了第一个人和整个自然界？在这个问题上，历来就有多种答案，如柏拉图的理念论、上帝创世说、黑格尔的绝对精神论等。然而，马克思并没有提供问题的答案，而是分析问题得以成立的预设："我只能对你作如下的回答：这个问题本身就是抽象的产物。请你问一下自己，你是怎样想到这个问题的；请你问一下自己，你的问题是不是来自一个因为荒谬而使我无法回答的观点。……不要那样想，也不要那样向我提问，因为一旦你那样想，那样提问，你就把事物的存在抽象掉，这就没有任何意义了。"[①] 因为"谁生出了第一个人"的问题预设了一个观点：世界上存在着第一个人，由此才会有第二个、第三个……但是世界上真的有那么一个人，可以被把握为"第一个人"吗？我想无论是自然科学还是理性思维，都不可能确定谁是第一个人、第一个人何时产生，如果自然科学或理性思维能够做到这一点的话，那么这只是人们的主观臆想、"一个因为荒谬而使我无法回答的观点"。所以面对这个问题，关键不是直接地回答，而是揭示问题得以成立的预设及其性质，一旦问题依赖的预设暴露出来，那么对于问题的回答才可能真正地进行一种批判性的理解。

我们明确了上述问题后，就可以面对你提出的问题了：预设可否成立？如果预设可以成立，通常是用哪些方式来证明它的成立？哲学是否存在像数学中的公理那样的基本的公理？首先，预设从来都是某种具体的、特定的预设，有的预设能够成立，如

---

① 〔德〕马克思：《1844年经济学哲学手稿》，北京：人民出版社2000年版，第91—92页。

"凡金属都能导电"的预设,有的预设不能成立,如"圣贤无过","世界上存在着第一个人"。其次,预设的证明方式有很多种,比如经验证明、实证证明、归纳证明、逻辑证明、抽象证明等,"凡金属都能导电"主要依靠经验法和归纳法的证明,"圣贤无过","世界上存在着第一个人"主要依靠逻辑和抽象的证明。再次,像数学中的公理一样,哲学同样存在公理和预设,不过数学公理和哲学公理的性质是大不相同的。一般来说,数学公理会得到人们的普遍公认,而且无需证明也无法证明,如"两点之间线段最短","过直线外一点有且只有一条直线与已知直线平行"等,而哲学公理或预设从来不会得到人们的普遍公认,哲学预设既需要证明——因为关系到哲学理论的真理性质,也能够证明——因为有很多证明方法,所以古往今来的很多思想家无不重视自己哲学理论的预设。最突出的例子莫过于人性论,有的人认为人性本善,有的人认为人性本恶,有的人认为人性是自私的,还有的人认为人性是非理性的,以不同的人性假设作为前提去创立的理论,就会呈现出完全不同的面貌,像西方经济学,从斯密、穆勒、一直到弗里德曼和布坎南,即把理性的自私人作为探究人类经济行为和市场经济的出发点,并由此推演出他们各自的整个经济理论体系。而这些体系之所以和马克思的政治经济学体系截然不同,重要原因便是他们与马克思关于人性、人的本质的认识截然不同。在这里,我无法就西方经济学家和马克思的人性认识展开阐述,重要的是我们应当意识到预设对于一个理论的真理性质的重要意义。

婴儿是社会的存在物吗？

在《1844年经济学哲学手稿》中，马克思提到"人是社会的存在物"，但是正如某些同学提到的，现实社会中存在着"隐居山林"的逸士，也存在着从出生开始便隔绝外界的婴儿。在对上述现象进行解释时，前者较为容易，因为无论何时隐居山林，这些人终究曾经是社会的一员，而对于后者来说，从出生开始从未接触社会的人，是否已经不符合马克思对于人的描述，而更倾向于生物学对于人的定义？

在《1844年经济学哲学手稿》中，马克思针对"把'社会'当作抽象的东西同个体对立起来"的观点，做出了非常精彩的分析和批判。在马克思看来，"甚至当我从事科学之类的活动，即从事一种我只在很少情况下才能同别人进行直接联系的活动的时候，我也是社会的，因为我是作为人活动的。不仅我的活动所需的材料——甚至思想家用来进行活动的语言——是作为社会的产品给予我的,而且我本身的存在是社会的活动;因此,我从自身所作出的东西,是我从自身为社会做出的,并且意识到我自己是社会存在物。"[1] 以上论述可以很好地解释你提到的隐居山林的逸士,逸士能够成为逸士,原因在于他曾经在很长一段时间是入世的,入世意味着他必然经历了从自然人向社会人的转化过程,社会化就是外在于个人的文化准则、社会规范内化为自己的行为标准,个人接受习俗、传统、礼仪、习惯、语言、价值观、行为规范等社会文化的各种熏染,从而获得将来正常社会生活的能力和素质。在一个人成为逸士之前,他就已经在社会中获得了谋生技能、习得了文化遗传,否则当他成为逸士时,就连维持自己的肉体存在都成问题。同时,一个人在作为逸士的生活阶段中,也仍然是社会存在物。毫无疑问,逸士在"从事一种我只在很少情况下才能同别人进行直接联系的活动的时候",他也仍然是社会的。因为从事实来看,逸士不和任何人发生直接联系,然而这只是表面现象,逸士已经把他以往社会化的所有因素内化于自身之中,逸士的日常生活便是社会化因素的外显过程,比如他在社会化过程中习得的语言、意识、价值观、能力等,这些都是伴随着他作为逸士的整个阶段的。除此之外,他的任何活动都以社会作为不自觉的潜在背景,或者说社会已经退出他的显意识,而沉入他的潜意识和下意识层面,并在这个层面持续地影响他的思想和行为。我不知道你提到的逸士是怎样的生活状态,是僧人、尼姑,还是教士?至少这些"逸士"是完全社会化的,

---

[1] 〔德〕马克思:《1844年经济学哲学手稿》,北京:人民出版社2000年版,第83—84页。

以理服人：大学生关心的马克思主义问题

他们都结成一定的群体，发生着人与人之间的交往关系，使用着人类社会的语言，思考着世俗社会的善恶美丑问题，并且实际地参与着世俗社会的诸多事务。

关于你提到的"从出生开始从未接触社会的婴儿"，现实社会中就有这样的案例，例如曾经的"猪孩"王显凤以及世界各地的"猴孩""狼孩"等"兽孩"，他们都是刚刚出生便由于各种原因而脱离了人类社会，落入到动物群体中并被动物所养大。可以说，兽孩没有经历社会化的过程，缺乏在人类社会中正常生活、交往的能力和素质，不是社会的存在物。不过这又涉及对于人的理解。通常所说的人是指具有正常的社会意识、思维能力和行为责任能力的人，比如我们说"人与人之间的关系"，"人们不会忘记"，"让人们感到惊讶的是"，等等，这里的人都是指社会化的人。严格地说，包括从出生开始从未接触社会的婴儿和正常婴儿在内的所有婴儿以及幼儿、精神病人等，都不是正常意义上的人，所以在任何一部法律中，都不会把他们作为具有完全行为责任能力的人来看待，即使他们做出违法的行为，法律也会区别对待。这一事实表明：婴儿还不是一个正常意义上的人。我这样表述婴儿并不是对婴儿的蔑视，而是对婴儿与人的关系的客观说明，婴儿还是一个尚未实现人的本质的存在物。恰恰因为婴儿缺乏社会化过程，所以婴儿才不是人，即不是"社会存在物"。就此而言，婴儿更像是动物，就像你说的婴儿"更倾向于生物学对于人的定义"。而且，如果婴儿随着年龄的增长始终不经历社会化过程的话，那么他在长大后仍然像一个动物。然而，婴儿与动物的相似仅仅是阶段性的、表面的，因为婴儿与动物的本质区别在于婴儿具备成为一个人的所有的潜质，而动物则没有，这一点使得婴儿与动物区分开来。所以只要一个婴儿在正常的人类环境中长大，就会成长为一个正常人，而无论把一个多么聪明的猿猴放到人类环境中并悉心培养，猿猴终究还是猿猴，而远远达不到人的状态，这意味着不应当把婴儿当成是动物一样的存在物。

我们对于这个问题的讨论，关键不在于厘清婴儿是不是人类的概念之争，而是通过动物、逸士、婴儿、人之间的概念区分理解马克思关于"人是社会的存在物"的论断，由此我们对于人的理解才能更加深入、更加接近人的本质。

先有鸡,还是先有蛋?

老师,您在课堂上讲到了先有鸡还是先有蛋的问题,您的观点是这个问题的提出方式是不合理的。但是在我看来,这个问题并不是荒谬的和毫无意义的。已经有科学家证明了是先有鸡后有蛋的,那么这样,与您所说的不就矛盾了吗?

关于先有鸡还是先有蛋的问题,自然科学家给出的是这个问题的科学解答,但是我关注的是这个问题的哲学解答。关于这个问题的科学解答可以说是层出不穷,每一次的科学解答出现后,新闻总会说"这一让人百思不得其解的古老谜题终于有了谜底",但是过不了多久,就又会出现更新的一种科学解答,继而推翻之前的科学解答,这一科学之争总是在循环往复。不过,它引起我思考的是:这个问题的提问方式是不是合理的?如果提问方式就不合理的话,那么再怎么追求解答都是枉然的。

在我看来，这一问题本身是不合理的，或者说是一个伪问题。因为这个问题预设了世界上有第一个鸡或第一个蛋（由此才会有第二个、第三个，才会有先后之分），但问题是当科学家们面对异常复杂的生物进化史时，是如何把某种生物形态判定为"鸡"或"蛋"，从而认定这些生物之前的形态不是鸡或蛋的呢？很明显，鸡或蛋不可能自古以来就是如此的，它们必然经历了漫长的进化过程才有了今天的这种形态，在如此漫长的进化过程中科学家是按照什么标准把某种形态的生物判定为鸡或蛋的？在我们回答先有鸡还是先有蛋问题之前，我们最好还是先反思以上这些问题，只有这些问题回答清楚了，才能为回答先有鸡还是先有蛋的问题做好准备。

同时，以上这些问题还反映了一点：语言能否指称所有的客观事物？鸡、蛋或第一个鸡、第一个蛋无非是人们对于客观事物的指称，即以语言的方式来指称事物，人只能以语言的方式来指称事物，但是在长期使用语言过程中，人们极容易忽视语言和事物的差别性（当然语言和事物也有统一性），当说出某一个名词时，便不自觉地认为这个名词对应的客观事物是肯定存在的，而且是能够被人认识的。实际上真实情况并非如此，例如我说北京有一座金山（即金子做成的山），但实际上我说的这句话并没有对应的客观事物的真实存在；同样我说第一个鸡，实际上我说的这句话也没有对应的客观事物的真实存在，因为所谓的"第一个"无非是人们对客观事物的一种指称、一种概念而已，并非是事物自身的客观属性。当我说"第一个鸡""第一个蛋"的时候，实际上是以我主观上构造出来的历史代替了真实存在的历史，这便是一种对待历史的非历史的做法。在这种意义上，这个问题便是一个伪问题，是人们主观臆造出来的问题，而不是来自历史本身的问题。

"先有鸡还是先有蛋"的问题是合理的吗？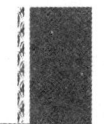

关于"先有鸡还是先有蛋"的问题，我认为是先有蛋的。原因有两个。第一，从进化论角度讲，发生在有性生殖细胞有丝分裂时的基因变异，对整个胚胎产生的影响无论从变异机率还是影响程度上，都远远地要比发生在已长成的个体上大，并且变异可遗传性也比成体大得多。所以从进化论角度看，鸡的现有性状最可能是从蛋里经发育直接形成的。第二，不必纠结于鸡蛋是否由鸡生，只要能发育成鸡的就可叫做鸡蛋。举一个极端点的例子——骡子，骡子是由马和驴杂交形成，骡子自己没有生育能力，但是骡子的胚胎（类比于我们问题中的鸡蛋）不会因为不是骡子所生就不叫骡子啊，所以这根本不是什么问题。不知老师对我的观点是怎么看的？

如果单纯去探究先有鸡还是先有蛋的问题，那么这肯定需要古生物学、考古学、动物学等方面的研究才能够回答，这些方面的科学知识我没有接触过，实在没法去谈。不过你提到一个很有意思的例子——骡子，我想就骡子问题说几点自己的看法。如果说"只要能发育成鸡就可以叫做鸡蛋"的话，那么能生出骡子的就可以叫做骡子的胚胎，但是骡子的胚胎不是骡子，实际上是马和驴的结合体（当然也不是马或驴）。"先有鸡还是先有蛋"的问题让很多人苦恼，但是如果问"先有马（或驴）还是先有骡子"的问题，那么答案肯定是先有马（或驴）后有骡子，因为骡子自身没有生育能力，骡子能够出现在世界上，那肯定是因为马和驴进行了交媾，这就说明是先有马和驴后有了骡子。所以我觉得骡子问题的实质与鸡、鸡蛋问题的实质不一样，骡子的问题是一个真问题，而且面对这个问题，我们能给出正确的回答，但鸡、蛋的问题是一个伪问题。之所以"伪"，是因为人类无法在鸡和蛋的长达几千万年的进化过程中真实地指出哪一种形态、哪一个存在物是鸡或蛋，而当我们做不到这一点时，实际上就不仅无法回答先有鸡还是先有蛋，而且这个问题本身就只是我们"想象"的结果。

而且请注意，包括你从进化论角度谈的观点，都是从现在我们看到的鸡或蛋进行的研究，即都把现在的鸡或蛋"当成"是历史上真实存在过的鸡或鸡蛋，而实际上历史上的那样一些存在物一定是经过了漫长的无法准确判定到底是不是鸡或鸡蛋的形态演化后才成为今天的存在物的（我们把今天的这些存在物称为"鸡"或"蛋"）。如果你还是认为先有鸡还是先有蛋的问题是合理的话，那么我可以按照这个问题遵循的逻辑继续问：既然鸡和蛋的产生有先后之分,那么先后之分的说法预设了有第一个鸡、第一个鸡蛋的存在,请问第一个鸡产生于何时?第一个蛋产生于何时?也许你会感觉到这些问题难以回答,难以用实验证据来回答,就像我问的第一个人产生于何时?不管科技如何发达、考古学如何发达,其实这些问题都是无解的,无解的原因不在于科技、考古学的发展程度,而在于问题本身就是不合理的。我在课堂上举这个例子是想让同学们掌握在事物的联系、发展的过程中来思考事物的思维方式,即辩证法的思维方法,辩证法思维是在事物与事物的联系、发展和对立统一中去思考一个事物,即在事物较低级形态和事物较高级形态的既对立又统一的语境中去思维,而辩证法思维的对立面,即形而上学思维是在事物较低级形态和事物较高级形态的绝对不相容的对立去思维,某一个存在物要么不是鸡,要么是第一个鸡,要么是第二个鸡……这就割裂了事物之间的联系和发展过程。正是建立在形而上学思维方式基础上,"先有鸡还是先有蛋"的问题才得以产生。我想,重要的也许不是事物,而是人们思考事物的方法,这就是我对这个问题的理解。

怎样定义"鸡"？怎样定义"蛋"？

我原先的看法是，我们首先要界定鸡与鸡蛋的定义，即怎样的动物被称为鸡，怎样的蛋被称为鸡蛋。由此，产生疑问：是鸡生的东西被称为鸡蛋，还是能孵出鸡的蛋被称为鸡蛋？是由鸡蛋孵出的动物被称为鸡，还是能生出鸡蛋的动物被称为鸡？而这种定义本身出现了嵌套，所以这样的定义本身就是荒谬的。是否由于这些定义所存在的问题，导致了这个问题本身的荒谬？同时我们也应该用发展的眼光来看待问题，即构成问题的各要素本身如果是处在发展之中的，那么静止地分析问题就变得毫无意义。请问老师，我这样思考有什么问题吗？

关于先有鸡还是先有蛋的问题，确实存在着定义嵌套的问题，当把其中一者作为本原、引出物时（同时也就把另一者作为了派生物、被引出物），会发现本原、引出物并不是先天就存在的，它们本身就是刚刚被作为派生物、被引出物的派生物、被引出物，这是一种循环结构。这种循环不仅表现在定义中，而且表现在定义所指称的那些实体中。关于定义嵌套和循环的问题我没有在课堂上讲，但并非不重要。实际上不仅是定义嵌套和循环，而且哪怕是定义不嵌套、不循环，这些都反映了人类把握事物的方式：人类只能以概念（表现形式便是定义）的方式把握事物、认识事物、指称事物，除此以外，别无他途。而概念的特征在于普遍性、抽象性，即人们用一个词语就可以指代众多形态各异的存在物，例如人们用"鸡"这样一个词语指代天底下所有形态各异、颜色各异、年龄各异等多种多样的具体的鸡。这样做当然是合理的，但也隐藏着一个危险，即以抽象扼杀具体，只见单纯的抽象、不见复杂的具体，因为抽象的词无法完全指代处于生灭变化中的具体事物。如果说用"鸡"这样一个词语来概括20世纪、21世纪的鸡还可以，但是用"鸡"这个词语来概括几百万年前、几千万年前向着今天的鸡进化的过程中的那些存在物（我这里刻意不用"鸡"的说法）的话，就不那么合理了。因为那些存在物不完全具备今天的鸡的所有特征，但又和今天的鸡有很多相似特征，而且这种进化过程肯定是非常漫长的。在这种情况下，我们无法指出哪一种形态的存在物是鸡，甚至哪一个存在物是第一个鸡。如果能够指出的话，那么这种指认是把处于发展过程中的诸多形态归结为一种形态，即以人们的主观想象取代了鸡的真实的存在历史。其实，当我们使用"鸡"这个词语时，便已经隐藏着这个危险了，这个潜在的危险在"先有鸡还是先有蛋"的问题中呈现了出来。

不过话说回来，概念仍然是有意义的，抽象性就是概念的本来性质，而人类也只能通过概念把握事物，我们应当通过对问题的分析认识到概念之抽象性的合理性限度，而不是因为抽象有可能扼杀具体，就抛弃抽象，完全走向具体。合理的做法是始终在抽象和具体的联系中来考察事物、始终在具体的发展中来考察抽象的概念。

1900 为什么不下船?

不知道您看过电影《海上钢琴师》吗?我最近看了一下,给我的感觉是很震撼,但也像雾一样看不清想不透。1900在旋梯的中央,望着前边的街道和城市,止步凝望,稍后便转过身,否定了自己先前下船的决定,自此不再想下船之事,直到和船一同在海面上被炸得粉碎。为什么1900不下船?我找不到更好的解释,或者说没办法进入主人公的心里,设身处地地想。疑惑于此,请老师谈谈看法!

《海上钢琴师》我之前没有看过,你在邮件中提到了这部电影,为了能探讨问题,我就看了这部电影。看完之后,这部电影给我的感觉是它是一部思想性和艺术性很强的电影,尤其是它贯穿的思想主题值得人们深入思考。正像你所谈到的,1900在下船之前止步凝望,但很快就否定了先前决定,自此不再想下船之事。我觉得这一细节是整部电影的亮点,"船"预示着一个自满自足、自娱自乐、自我享受、自我陶醉的艺术世界，而且这个世界是没有世俗欲望的纯洁世界，所以始终身处于此世界的1900便能够做到不受世俗的牵绊，达到艺术的高峰。他能够轻而易举地胜过挑战他的钢琴家，这就是我们常说的"无欲则刚"。而船之外的世界，即街道、城市等则预示着一个充满着各种欲望、私利、争斗、狡计的世俗世界，这个世界的人们都是非常功利的，都在努力追求更多的财富、更大的声望、更高的地位。比如那位挑战他的钢琴家便不是出于艺术上的考虑，而是出于名利上的追求才会找1900较量一番，在这位钢琴家刚开始弹奏钢琴即表现出霸气十足的神态时，1900完全不把他看做是对手，而是当做朋友来欣赏，因为1900没有世俗中人那么多的名利考虑，也不习惯乃至根本排斥那样的人生。

我想，之所以1900最终选择了不下船，乃至和船一起炸沉，是因为1900不愿意涉入沾染着欲望和功利的世俗世界，1900清醒地意识到这样的一个世界一旦涉入，便会使人找不到尽头、迷失方向。就像在1900眼中的街道和城市那样，街道纵横交错、城市一望无际，这些都预示着世俗世界对人的纯洁内心的威胁，1900是从根本上排斥这样的一个世界的，宁愿活在自己的艺术世界中。我觉得这部影片的基调非常悲观，或者说是一部悲剧性电影，悲剧就是把有价值的东西毁灭给人看，在我们认为追逐财富、追求名利才是有价值的现代社会中，人们往往会忘记还有比这些更有价值的东西，还有对人而言更有意义的东西。电影的价值即在此，它提醒乃至警醒人们，在兜里钱越多时，思想反而越空虚；财富积累越快时，信仰反而越迷失。现代人价值观的深层危机不在于人们追求名利，而在于把追求名利当做人生的主要目标和人生价值的主要体现，这恐怕就是这部电影所揭示的道理。

第四章

透过现象看本质

要法治,还是要人治?

人治与法治各有其利弊。我们是翘首以期天人降世,还是眼见规范拘住我们手脚?华盛顿急流勇退以保证体制的完善,如若为了社会的发展与人类的进步,破坏既定的规则是否可取?换言之,倘若尼采所谓的"超人"存在,在"超人"的带领下,小至某族、大至全人类将得以有飞跃式的发展,但前提是,"超人"的集权意识根深蒂固,那如此代价以求进步可乎?

法治相对于人治具有三大优点:一是避免独裁专制,二是一视同仁、公正平等,三是比较稳定。但是稳定的特点如果走到极端,就变成了你所说的"规范拘住我们手脚",恰恰在这一点上,人治是极具变通性的。人治可以随时依据具体情况的变化而相应地改变规则、寻求变通。由此也就有了你说的人治和法治的矛盾:法治保证公平的同时却缺乏变通性,人治保证变通性的同时却缺乏公平。既然两者各有利弊,那么选择何者?我要告诉你的是，按照你提问问题的方式，我们是无法做出合理的选择的，如果要找到合理的解决办法，就要改变问题的提问方式。因为你提问方式包含着对于问题答案的遮蔽，当你试图在"人治"和"法治"之间择一的时候，实际上预设了"人治"和"法治"是无法协调的这一前提。如同我问同学是"先有鸡还是先有蛋"，其实这种提问方式反映了提问者的思维定式：要么是先有鸡，要么是先有蛋。其实人们还有其他的回答方式，如鸡和鸡蛋同时产生，或者鸡和蛋分不出谁先产生等等。当你在"翘首以期天人降世，还是眼见规范拘住我们手脚"中择一的时候，即把人治和法治理解为了两个相互冲突、完全对立的事物。

实际上，人治和法治是相互依存、相互联系甚至相互转化的，为了使人治和法治在提问中不至于相互冲突，也许合适的提问方式是：如何有效地处理人治与法治之间的关系？或者是如何最大限度地发挥人治变通性和法治公平性这两者结合的优势？因为不管是考察人类社会历史，还是从逻辑上推论，人治和法治实质上都是人类社会治理方式、治理模式的一种体现，它们都没有绝对的价值优先性，没有哪一种治理模式是在任何环境、任何情况下只发挥正价值而没有负价值的。例如法治被认为是现代社会的主流，但是称其是"主流"，便意味着还有支流，在法律不适合、不能够、不方便治理的领域，就需要人治的出现（当然，这里的人治并非贬义的，而是把人治当做一种治理模式），小到人情往来，大到抗洪救灾，这些主要都不是法律管辖的领地，而是人治发挥作用的空间。另外，法治也不太适合人类社会的某些阶段，如远古时代，远古正是人类的童年时期，一是不具备法治施行的条件，二是人类的生命力正在蓬勃生发，施以法治反而会禁锢住当时人的活力。实际上，所谓有效的、好的、善的治理模式，都是依赖于具体的历史环境而言的，人治和法治在人类的生存和发展面前，都不具有价值优先性，而是一种手段。就现代社会而言，当然是法治占据主导地位，这是毫无疑问的，但是仍然需要人治的治理模式，人治不可能也不会在现代社会完全消失，只不过是要分清法治和人治各自发挥作用的领域和层次。

怎样才是"见山只是山"?

对于事物本质的追求,常常"乱花渐欲迷人眼",舍本逐末者有之,因小失大者亦有之,怎样才算是如如不动、"见山只是山"的境界?

"见山只是山"是临济宗青原惟信禅师总结自己参禅的一种境界:老僧30年前未参禅时,见山是山,见水是水;及至后来,亲见知识,有个入处,见山不是山,见水不是水;而今得个休歇处,依前见山只是山,见水只是水。要理解这句话的真切含义,需要首先理解佛教的一些背景知识。佛教起源于古印度,它为世俗众人描绘了一个远离凡尘世界的美好世界,指引信徒通过此世的修炼来获得来世的解脱。自从佛教传入中国之后,它就与入世特点极深的儒家思想相融合,产生了禅宗这一具有中国特色的教派。禅宗的核心思想是"不立文字、教外别传;直指人心、见性成佛",主张"明心见性"的自我开悟取代对彼岸世界的顶礼膜拜，道不远人，道不离器，对现实生活的超越性诉求便体现于当下生活的"觉悟"，由此禅宗认为当下即永恒、红尘即净土，神圣与世俗之间不存在鸿沟，个体通过自身的修养觉悟便可实现生命的永恒意义。禅宗六祖慧能大师曾经作偈："菩提本无树，明镜亦非台。佛性常清净，何处有尘埃。"这句偈体现了禅宗的此世超越的突出特点。因此，青原惟信禅师的这句话也要在此世超越的基础上加以理解。

首先是第一句：见山是山，见水是水。人们在初始地面对万事万物时，思维还处于从混沌未开向执迷不悟过渡的状态，注意力更多地停留于人心之外的凡尘俗务、欲念烦恼之中，即看到山便觉得山就是山，看到水便觉得水就是水，不能够从禅法的角度将山、水等客观事物和自我本心联系起来看待，因此无法体认本心的真实面目，这一句是人类"自我"的迷执阶段。其次是第二句：见山不是山，见水不是水。这一句写的是接触禅法之后再看世界的万事万物，山水已经不再是原来意义上的简单的山水，山水变成了佛法的体现，意味着山水不再是自己了，事物的关系走向了第一阶段的否定：见山不是山，见水不是水，这是人类"无我"的初悟阶段。最后是第三句：见山只是山，见水只是水。此时已经能够通过世间万事万物洞彻大智慧，在根本上扬弃了俗见凡念，心中再无任何迷执挂碍，事物的关系走向了既保留肯定性又承认差别性、既对立又统一的圆融会通境界，因此眼前的山水依然是山水，事物仍然是事物自身，但这是在禅法参照之下的事物自身，即"担水砍柴，无非妙道"，这是人类"真我"的彻悟阶段。从中可以体会到，禅宗的修身养性时刻立足于世俗人间的现实生活,并对其进行转化提升,从而使万事万物各归其位、各遂其生,与此同时人生的终极意义也就得到了安顿。

禅宗参悟的三阶段与儒家"极高明而道中庸"的思想极其相近,尤其是第三个阶段类似于孔子所说的"从心所欲不逾矩"的境界。人生之初都是从心所欲的,婴儿想哭就哭、想吃就吃,但在人生晚年,同样从心所欲,想吃就吃,想睡就睡,但此时的吃、睡等各种活动表面和婴儿相似,实则是在深刻理解个人需要和社会规范相统一的前提下发生的,因此是在更高的意义上回到起点,即"见山仍然山"。这一境界是历经人生沧桑、遍览世事万物之后从而达致的通达、贯通、游刃有余而又平和、和谐的人生境界,既不是圆滑世故、八面玲珑,也不是与世无争、绝世而立,而是在个人发展和社会要求之间找到了一个有机的结合点,个人的才智才能得到充分发挥,个人的需要需求得到合理满足,同时又有益于社会的秩序和稳定,即人的内在需求与发展同外在适应与和谐形成了有机统一。这一境界未必一定在70岁实现,而人在70岁未必也一定能够达致这一境界,但它不失为人生的一种极美好境界。要达致这一境界,需要时间的沉淀、知识的积累、经验的增多和教训的历练。实际上,只要是个人需求和社会规范的有机统一,都值得人们去追求,都是"见山只是山、见水只是水""从心所欲不逾矩"境界的体现。

科学发达的社会，为什么神学依然盛行？

有一个问题需要请教您，就是神学。这门学问好像在西方很受关注，并且专门独立成院。我一直不明白，在现今这个科学可谓发达的社会为什么会出现神学依然盛行的情况，或者说，当今的科学为什么无法使人们摆脱对宗教的信仰？唯物和科学之间是完全对等的吗？

你说的情况在今天的西方国家确实是实情，很多大学都设有神学院，而且宗教也没有伴随着科学的发达而衰落，这一现象大体可从传统和现实两方面来理解。一是传统的原因，西方社会几千年来便是一个宗教色彩极其浓厚的社会，最典型的莫过于欧洲的中世纪，这是一个宗教压倒一切、宗教至高无上的社会，教会的权力是当时社会的主导性权力，世俗王权只是教会权力的附属品。在中世纪之后，欧洲社会开始了世俗化进程，即政教逐渐分离、教会逐渐远离社会中心的过程，这一过程持续了几百年，甚至一些国家现在都没有完成。像英法德等西方国家已经实现政教分离，教会不再享有裁决公共事务的权力，这一权力被政府、国会、议会、法院等世俗机构享有。虽然教会不再染指世俗政权，但是教会并没有退出人们的精神生活，教会和宗教仍然在西方社会的精神生活领域占据重要地位，当人们有了对宗教的精神性需求时，人们便会求助于教会和宗教，这是历史传统延续下来的东西，现代的西方人还保持着。

二是现实的原因。现实原因有很多方面，如社会的弊端、科技的失误、政治的黑暗、人际关系的紧张、人对未来的恐惧或憧憬等，都会引起人们的宗教信仰。正像你所说，现今科学已经很发达，但不要忘记的是，科学仍然没有发达到可以解决任何社会问题（包括政治、经济、文化、科技等方面的问题）的地步，而且随着科学技术的发达，人类的精神生活水平和幸福水平并没有相应地提高。很多人都认为只要在物质方面得到满足，人就会感到幸福，而事实上人们在制造了各种各样的高科技产品后，反而更为突出地面临着人际冷漠、情感缺失、精神虚无的问题，例如互联网在使人们方便获得信息的同时，减少了人与人之间面对面的、接触式的感情交流，很多人已经不知道怎样才能自如地面对面讲话了。而宗教就充分"利用"（没有贬义色彩）和适时诱导了人们的这种精神空虚、心灵荒芜的状况，让人们在宗教慰藉中获得精神的抚慰和心灵的疏导，这是宗教之所以仍然盛行的重要原因。

你还谈到"科学发达的社会为什么神学依然盛行"，其实，这个问题预设了科学与宗教是相互对立的，如果我们预先已经认可科学是反宗教的、宗教是反科学的，那么就会合乎逻辑地认为科学每前进一步，宗教的地盘就会缩小一点，你的问题正是暗含了这样的前提。但是我想要指出的是，如果我们不从科学和宗教对立的前提看问题，那么这个问题就不会产生了。在一个宗教徒看来，科学不仅与宗教不对立，而且科学与宗教是相辅相成的，科学解决不了的生活意义问题，解决不了的人际冲突问题，都需要宗教的帮助才能够解决，所以宗教是人的内在的需要，是无法根除的一种需要。可见，科学的进步实际上是强化了人们对宗教的需要，而不是促使人们摆脱对宗教的信仰。不过请注意的是，刚才我是从科学和宗教相一致的前提出发说的，这种前提实际上就是很多宗教信仰者始终都在强调的一个根本立场，所以他们不把科学和宗教对立起来看，而是从科学进步的局限中看到宗教的必要性，这需要换位思考才能看到这一点。

至于"唯物"和"科学"是否对等的问题，可以说两者既有联系也有区别。我把这里的唯物理解为"无神论"，把这里的科学理解为"自然科学"。一方面，自然科学的成果从不同角度解释既可以得出无神论的结论，也可以得出有神论的结论，比如关于宇宙起源的科学理论，从不同角度解释和延伸，能够得出无神论和有神论两种对立的解释；另一方面，无神论是自然科学研究的根本前提，正是承认自然界是一个有规律、不被神操纵的过程，科学家们才会去研究，否则任何研究都会变成神意的证明，这是自然科学家无法接受的事情，但是无神

以理服人：大学生关心的马克思主义问题

论没有现代自然科学的支持，也能够独立存在，比如范缜在缺乏现代自然科学知识的前提下也产生了无神论思想，这说明唯物不完全等同于科学。

文化是社会发展的根本动力吗?

老师，我最近了解到一位社会学家——韦伯。据说在冷战时代，他被认为是唯一可以与马克思抗衡的理论家，在冷战结束后，他甚至被认为是各方面胜过马克思的思想家。韦伯提出了著名的现代化理论即现代化的最终形成是文化、社会、政治、经济共同作用从而达成的。然而韦伯特别强调了新教对于整个基督教世界甚至资本主义世界的巨大影响，并且认为文化是社会发展的根本动力，否定了马克思关于生产力和生产关系的运动对于社会发展的作用。您对这个问题是怎么看的？

韦伯是现代社会学的奠基人之一，有很多原创性的观点，比如认为新教伦理是推动资本主义精神形成的重要动力，这一观点集中体现在《新教伦理与资本主义精神》一书中。另外，韦伯还提出了理性化、祛魅、官僚制、工具合理性、价值合理性、理想型等一系列观点和理论，这些对今天的社会科学研究产生了深远影响。但是要说韦伯全方面胜过马克思，这就言过其实了。其实，韦伯和马克思都是著述甚丰、体大思精的思想家，要对他们两人进行一种直接的胜负比较，本身就是一种不合理方式，所以"谁胜过谁"的问题放在思想家身上，就是一种伪命题。

　　我们再回到问题本身。在关于社会发展的根本动力方面，韦伯和马克思的观点确实截然不同，韦伯强调新教伦理和文化的作用，马克思强调物质生产方式和生产力的作用。不过，就社会发展的根本动力，我认为马克思的观点更能把握历史的本质。马克思认为历史的发源地不在天上的云雾中，而在尘世粗糙的物质生产中。所谓物质生产，就是人们为了满足生存和发展的需要影响和改造自然的过程，在这一过程中形成的客观力量便是生产力。请仔细思考《德意志意识形态》的下面一段话："我们首先应当确定一切人类生存的第一个前提，也就是一切历史的第一个前提，这个前提是：人们为了能够'创造历史'，必须能够生活。但是为了生活，首先就需要吃喝住穿以及其他一些东西。因此第一个历史活动就是生产满足这些需要的资料，即生产物质生活本身，而且，这是人们从几千年前直到今天单是为了维持生活就必须每日每时从事的历史活动，是一切历史的基本条件。"① "因此任何历史观的第一件事情就是必须注意上述基本事实的全部意义和全部范围，并给予应有的重视。"② 物质生活活动是人类社会发展的永恒自然基础，这是由人的生理性生存所规定的，然而正是这一近乎常识的观点，却在很长一段时间没有受到"应有的重

---

① 《马克思恩格斯文集》第1卷，北京：人民出版社2009年版，第531页。
② 《马克思恩格斯文集》第1卷，北京：人民出版社2009年版，第531页。

视"，而且那些谈论物质生活的理论总是被扣上低俗的帽子，不登哲学的大雅之堂。就此而言，马克思考察人类历史的视角和以往思想家发生了根本性转变，因为马克思的历史观"和唯心主义历史观不同，它不是在每个时代中寻找某种范畴，而是始终站在现实历史的基础上，不是从观念出发来解释实践，而是从物质实践出发来解释各种观念形态"。① 恩格斯在《在马克思墓前的讲话》一文中再次阐明这种观点："马克思发现了人类历史的发展规律，即历来为繁茂芜杂的意识形态所掩盖着的一个简单事实：人们首先必须吃、喝、住、穿，然后才能从事政治、科学、艺术、宗教等等。所以，直接的物质的生活资料的生产，因而一个民族或一个时代的一定的经济发展阶段，便构成为基础；人们的国家制度，法的观点，艺术以至宗教观念，就是从这个基础上发展起来的。因而，也必须由这个基础来解释，而不是像过去那样做得相反。"② 这些经典论述已经足以回答社会发展的根本动力问题。简言之，生产力是社会发展的永恒的自然基础，而生产力和生产关系之间的矛盾运动才是推动社会发展的根本动力。

然后我们再来看韦伯的观点。韦伯着重强调了新教伦理对于西方资本主义社会崛起的动力作用，这一点符合历史的事实。但是问题在于，在以勤俭、守时、天职、进取为特征的新教伦理发挥出推动资本主义社会前进的作用之前，新教伦理是怎么产生的？韦伯并没有向我们阐述，而是把一个应当加以阐述的问题当做了无须说明的前提，这就容易使读者以为新教伦理是突然降临

---

① 《马克思恩格斯文集》第1卷，北京：人民出版社2009年版，第544页。
② 《马克思恩格斯文集》第3卷，北京：人民出版社2009年版，第601页。

到这个世界上的,而且它还正好切合了西方资本主义社会的需要。历史能这么巧合吗?韦伯对新教伦理起源问题的回避无形中就把这一特定文化形式的产生过程给遮蔽了,这给我们重新认识文化在社会发展中的作用造成了障碍。我们可以拿今天中国社会中的精神观念来认识这个问题。在今天的中国社会中,日益赢得人们认可的精神观念有改革、开放、独立、自由、平等、民主等,请问这些精神观念是在某一天突然被人们所知并身体力行的吗?恐怕不是。没有"文化大革命"的结束、没有"以经济建设为中心"的历史进程的推动、没有市场经济的发展,这些精神观念是不会自动地产生的。马克思早已说过,意识在任何时候都不过是被意识到了的存在,而人们的存在就是他们的实际生活过程。在众多崭新的精神观念推动中国社会发展之前,先是中国社会的政治、体制尤其是经济发生了重大变化,与此同时产生出对上述精神观念的需要,这些精神观念才被逐渐地催生出来,而一旦崭新的精神观念形成,又会给予同时期的社会发展以巨大的推动作用。我想这就是精神观念的发生史,而现在已有的历史成果证明新教伦理的发生史本质上类似于中国这些精神观念的发生史,新教伦理同样是在西方社会尤其是经济领域的发展达到一定程度后被催生出来的,韦伯只是告诉人们新教伦理发挥功能的历史过程,却没有讲它产生的历史过程,这不能不说是韦伯理论的缺憾之处。

 美国的基础是经济、中国的基础是道德吗？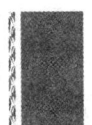

有一次和同学聊天的时候谈到了社会体制的问题，我同学说美国的社会体制是建立在经济和金钱之上的，这样社会才得以高效运转，而中国的社会体制是建立在道德基础上的，这需要大家具有高尚的道德理念，要实现一种比较稳定的状态也就很困难，而当今中国实际上已经在朝着经济和金钱的方向转变了。对于这个观点，您是怎么看的？

在我看来，你同学的这种看法只是一种非常模糊、大而化之的观点，将这种观点套用在两个国家身上，明显是不合适的。有句俗话说得好：谎话要说大的，谎话既无法证实也无法证伪，那么它就很容易被当成真理，当然你的同学也许并非有意说谎话。这些话往往使用一些抽象的概念比如经济、道德、民主等，然后套在一个复杂的事物身上，这样就把复杂事物的所有属性概括成了单一的抽象属性。这种认识方法倒是很方便，也很省力，但它距离把握事物的真实面貌还差得远呢。与你同学的看法相似的是，有很多人在认识一个民族国家的发展道路时，习惯套用人类社会发展的五阶段论，即原始社会、奴隶社会、封建社会、资本主义社会和共产主义社会，殊不知，这种套用完全违背了马克思的本意。马克思仅仅是根据西欧发达资本主义国家的历史材料对西欧国家做出了上述论断，从来没有不顾历史环境的差异把它扩展到西欧之外的国家和地区。但是，本能地遵循着思维经济原则的现代人，总是像"解一个最简单的一次方程式"那样将马克思的历史的特殊性理论变成抽象的普遍性理论，这就是以偏概全的错误。

  回到你的问题上。如果仅仅从经济的角度认识美国、从道德的角度认识中国，那么我们可以做一些简单的反问：美国人不讲道德吗？一个不讲道德的国家能够持续地存在几百年吗？同样，中国不是建立在经济的基础上的吗？如果中国不是建立在经济基础上，那么我们的最简单的衣食住行是从哪里来的呢？所以认为美国的基础是经济、中国的基础是道德的类似看法，实际上都经不住最简单的一些反问。这些看法只是一种简单思维和表象思维的产物，教育的任务便是破除这种思维模式，教给人们看待事物的辨证方法和具体分析法。在这里，我很难就美国和中国的问题做出阐述，因为这个题目过于庞大，倒是希望你能从这些问题的回答中意识到认识方法和思维方法的重要性。

怎么看社会的不公平？

我们是为了社会的公平才实施改革开放的,我记得邓小平曾说让一部分人先富起来,但是他也曾对改革开放后社会贫富差距的拉大表示担忧。您怎么看待这种情况?

在我看来,我们不是为了社会的公平才实施改革开放的,而是为了实现效率才实施改革开放的。改革开放之前,我们国家在各个领域实行计划经济体制和平均主义体制,导致了每个领域都拉不开合理的差距、拉不开合理的档次的结果,比如在收入领域,大家都是"干多干少一个样",勤劳和懒惰到最后的收入是完全一样的,这就极大地挫伤了人民群众的积极性。所以说在改革开放之前我们国家实在"太公平"了,以致"公平"得过度了,正是为了打破这种公平局面(这种公平是不合理的),为了激发人民群众的积极性,造成适度的"不公平"局面,才实施了改革开放政策。在改革开放初期,我们经常提的是"效率优

以理服人：大学生关心的马克思主义问题

先、兼顾公平"，正是把提高效率、发展生产力放在第一位，社会生产力水平才会迅速提高。但是，效率优先的取向也导致了一些不公平的社会性问题，如贫富差距、两极分化等问题，所以在新世纪之后更多地倡导"效率和公平兼顾"，而在进入新时代之后，我们开始倡导以人民为中心的发展思想，这就表明在发展生产力的同时要更加注重社会的公平正义，更加注重人民群众的获得感和共享发展，不能以牺牲公平正义为代价提高效率，否则这种效率便是不可持续的。

我们要通过社会公平问题的讨论，反思我们面对一系列社会问题的心态。同样是面对不公平、腐败等问题，有的人会从它出发得出社会主义已经过时、应当采取资本主义权力制衡的结论，有的人是痛心疾首、担心社会主义会被葬送，有的人认为我们的社会已经无可救药、必须推倒现有的制度然后重来等。你会发现，在面对同样的社会问题时，人们往往有两种心态：一种是一味否定和批判的心态，持这种心态的人往往从公平、正义、自由、理性等角度出发，拿着抽象的完美标尺来衡量和评判现实中出现的各种问题，每出现一种社会问题都会激起他们的道德愤慨和价值批判，往往会看到他们的"痛心疾首""拍案而起"等姿态性表示。另一种是同情式和建设式心态，持这种心态的人往往不是站在道德制高点上批判种种不合理现象，而是首先分析这些现象产生的原因、机制，研究它们为什么会产生，造成了哪些后果，以及我们能够采取什么样的措施来预防和消除它们。

其实，我更欣赏后一种心态。对任何一种不公平、不合理的现象，对它们进行伦理的控诉和道德的批判是再简单不过的事情了，但是这样做完之后，这些现象难道就会消失吗？这里我举一个例子来说明。哈佛大学知名教授桑德尔有一本誉满全球的著作《金钱不能买什么》，在这本著作中他发起了一场我们这个时代不该缺失的重大辩论：我们想要一个市场经济，还是市场社会？市场在公共生活和个人伦理中扮演什么角色？我们怎样决定什么东西可以拿来出售，什么东西应由非市场的价值规范掌握？哪里是金钱法则行不通的地方？客观而言，这些问题确实是包括中国在内的当代社会所面临的突出的道德问题。然而，我通读全书之后发现，道德敏感意识极强的桑德尔讨论了大量的非市场规范被市场价值排挤出局的案例，却对这些事实为什么会发生始终不置一词。也就是说，桑德尔只是停留于"金钱不能买什么"的"应当如何"层面，却悬搁了"金钱能买到它不应当买的东西"的"为什么"层面，这种做法能够让人们沉浸在道义批评的道德优势感氛围中，但是在科学上却不能促使人们对于金钱与道德、市场价值与非市场领域的关系的认识走向深入。正像恩格斯所指出的："这种诉诸道德和法的做法，在科学上丝毫不能把我们推向前进；道义上的愤怒，无论多么入情入理，经济科学总不能把它看做证据，而只能看做象征。"[1] 对不合理的东西，仅仅是否定和判定它违背了公平、违反了人性等是远远不够的，只有认真分析它的发生机制和作用机制，找到它得以产生的原因，这样才能为下一步的措施打下坚实基础。所以，要注意看待问题的心态，因为心态会直接影

---

[1]《马克思恩格斯文集》第9卷，北京：人民出版社2009年版，第156页。

响到人们面对问题时会做些什么。"做些什么"当然要比"怎么看"重要得多,但怎么做才是有效和正确的却直接取决于我们是怎么看的。

自由发展出来的社会一定稳定吗？

我在阅读历史书的时候觉得自由发展出的社会形态，即由下而上的社会是稳定的，而人为规定的社会形态，即由上而下的社会是不稳定的，当其不稳定的时候就发生了动乱甚至是战争。不知老师对这个问题是怎么看的？

我不知道你的这种观点是你自己阅读大量历史书之后独立思考得出的观点，还是实质上受到了某些流行性见解乃至思维定式的影响。就这一观点本身来说，它有合理因素，自由发展的社会往往比较稳定，而人为规定的社会充满着不稳定因素（即使不看历史书，这一观点也容易得到认可），但是我们还需要进一步追问：自由发展的社会难道就一定是由下而上的吗？人为规定的社会难道就一定是由上而下的？恐怕这两者之间不能画等号。

什么是"自由发展"？什么是"人为规定"？当你说出这两个词的时候，实际上你已经预先把非常复杂的社会简单化地划分成了两个部分，一个部分是占社会成员多数但不拥有权力或只拥有少量权力的人民群众，另一个部分是占社会成员少数但掌握实权的精英群体，如果人民群众按照自己的意愿来选择历史发展道路，同时精英群体又能够顺应这种趋势，那么它就是"自由发展"的，如果人民群众不能够按照自己意愿选择历史发展道路，而只能听凭精英群体摆布，那么它就是"人为规定"的。难道任何社会都能够简单地划分为两个部分吗？如果不是的话，那么基于这种简单二分法的观点和结论就都是站立不住的。所以我想看历史的时候不能够用一种"简单二分""非此即彼"的方法去看，认为历史不是自由发展的，便是人为规定的，历史只能在这两种情况中跳来跳去。这种看历史的方法，实质是一种抽象的、非历史的方法，在我们抓住其中一点的同时，我们已经舍弃了大量极具历史价值和历史意义的因素，而这些因素对于我们更充分、更完整地认识历史是不可或缺的。所以问题的关键不在于我们是否在"口头上"承认全面地、辩证地看待历史（没有人愿意简单二分式地看待历史），而在于我们是否能够在"实际上"按照历史分析方法、按照辩证方法来看待历史。

历史无非是过往时代人们的各种活动而已，按照马克思的说法，"历史不过是追求着自己目的的人的活动而已"①。所谓认识历史，认识的对象当然是历史，而不是当代社会，这一点恐怕没有人会否认。既然要认识历史，那么就要按照历史本身的尺度来加以认识，如果把不是历史的东西当作是历史的东西，那么也违

---

① 《马克思恩格斯文集》第1卷，北京：人民出版社2009年版，第295页。

反了认识历史的基本要求,这一点应该也不会有人反对。然而,对于历史本身的尺度是什么,人类思想史对这一问题有着极为迥异的理解。在哲学史上,坚持"唯心主义历史观"的哲学家们认为千变万化的历史生活都是不真实的,只有找到隐藏在他们身后、支配他们、作为他们言行之根据的那个超越现实世界的尺度才是真正的尺度,这些尺度表现为理念、本体、上帝、绝对精神等,从这些不随历史条件变化而发生变化的永恒尺度出发去认识历史,才能获得对历史的真实认识。马克思严厉批评过"唯心主义历史观"对历史的篡改:"迄今为止的一切历史观不是完全忽视了历史的这一现实基础,就是把它仅仅看成与历史进程没有任何联系的附带因素。因此,历史总是遵照在它之外的某种尺度来编写的;现实的生活生产被看成是某种非历史的东西,而历史的东西则被看成是某种脱离日常生活的东西,某种处于世界之外和超乎世界之上的东西。"①

再回到你的问题上来。问题的关键不在于是自由发展出来的社会更稳定,还是人为规定的社会更稳定,因为这些问题都是依据于非此即彼的形而上学思维方式才成立。问题的关键在于按照历史本身的尺度来认识历史,这正是马克思的唯物史观所要求的方法:"它不是在每个时代中寻找某种范畴,而是始终站在现实历史的基础上,不是从观念出发来解释实践,而是从物质实践出发来解释各种观念形态。"②

---

① 《马克思恩格斯文集》第1卷,北京:人民出版社2009年版,第545页。
② 《马克思恩格斯文集》第1卷,北京:人民出版社2009年版,第544页。

历史是被多数人还是被少数个人决定的？

很多人都认为历史的潮流和发展是所有人选择的结果，是大多数人的行为决定的；但是有些时候一些拥有大权力的人确实可以以个人的力量改变历史，比如说毛泽东等政治军事家。您是如何看待这个问题的？

你的问题实质上涉及的是如何看待历史人物的作用。从客体角度而言，生产力与生产关系、经济基础与上层建筑的矛盾是社会发展的根本动力；从主体角度而言，人民群众是社会发展的推动者。请注意，以上两个角度是同一个问题的两个方面，不可割裂开来理解。生产力和生产关系、经济基础和上层建筑不是与人毫无关系的存在物，而只不过是人的现实活动及其关系而已。"历史什么事情也没有做，它'不拥有任何惊人的丰富性'，它'没有进行任何战斗'！其实，正是人，现实的、活生生的人在创造这一切、拥有这一切并且进行战斗,并不是'历史'把人当做手段来达到自己——仿佛历史是一个独具魅力的人——的目的。历史不过是追求着自己目的的人的活动而已。"[1] 一旦明确了这一点,我们就要问到底是哪些人在创造着、运用着、推动着生产力与生产关系、经济基础与上层建筑之间的矛盾?是历史人物吗?肯定不是。历史人物从来都是社会成员的少数,就毛泽东等个体而言,从来都不能单独成为上述矛盾的载体,只能是人民群众,即社会成员的绝大多数。实际上,只要承认上述矛盾是社会发展的根本动力,那么便在逻辑上承认了人民群众是社会发展的推动者。

当我们说人民群众是社会发展的推动者的时候,并不否定历史人物对于历史发展的推动作用。人民群众的推动作用是历史人物发挥影响的坚实基础和无穷来源,如果没有人民群众的基础性的推动作用,那么历史人物如何能够以"个人的力量改变历史",其实承认历史人物可以以个人力量改变历史,就已经内在地承认了人民群众的基础性推动作用。而且在某些历史时期,即你说的"某些时候",人民群众的利益会通过众多的管道传导到历史人物那里,历史的行进方向取决于历史人物做出何种选择、具备何种作为,此时历史人物的选择就具有了"改变历史""创造历史"的特点。不过始终需要注意的是,一是历史人物的具有"改变历史"作用的选择更多体现在历史转折或历史事变的时期,对于漫长的人类社会发展史来说,或者从

---

[1] 《马克思恩格斯文集》第1卷,北京:人民出版社2009年版,第295页。

以理服人：大学生关心的马克思主义问题

人类社会整体来说，历史人物"改变历史"的情况并不是历史的全部；二是处于关键选择期的历史人物，不可能不代表着当时人民群众的利益、愿望和要求（当然，这种代表经常发生历史的错误，甚至是沉重代价），从这一点来说，历史人物本质上是人民群众利益的集中代表，而不是仅仅体现着个人的意志。也只有从人民群众利益代表的意义上，我们才能够真实地理解那些历史人物及其历史作为的意义，否则脱离了人民群众的历史背景，任何关于历史人物的孤立考察都不会推进历史认识的深化。

谈到这里，我们已经触及一个很多著作经常谈但很少能够谈清楚的问题，即人民群众推动历史前进与人民群众推动作用的体现方式问题。人民群众是一个有着共同利益归属的集体主体，但是在人类历史的相当长时期内，人民群众并不是现实的历史行动主体。换句话说，人民群众往往在共同利益或根本利益上有大致相似的利益所属，但是在历史变革、历史事变等重大历史时刻，往往缺乏有效和统一的集体行动能力，那么我们依据什么断言人民群众是推动历史前进的主要力量？这就需要合理地界定人民群众推动历史前进与人民群众推动作用的体现方式这两个问题的层次。前者是问题的实质，是从实质上解答历史前进的主要力量，后者是问题的表现，是从形态上解答历史前进的具体方式。实际上，虽然人民群众是推动历史前进的主要力量，但是人民群众的推动作用在相当长时期内是通过以历史人物为代表的统治阶级的作用体现的。

具体而言，按照马克思恩格斯的观点，自从有文字以来的

"一切社会的历史,都是阶级斗争的历史"①。在被阶级和阶级斗争所分割的社会利益体系中,固然人民群众和统治阶级存在利益上的分化乃至对立、冲突,但是统治阶级往往与"整个社会混为一体并且被看做和被认为是社会的总代表;在这瞬间,这个阶级的要求和权利真正成了社会本身的权利和要求,它真正是社会的头脑和社会的心脏。"② 统治阶级能够通过国家机器而实现对社会的普遍代表和普遍统治。现实地看,统治阶级之所以在与广大人民群众的共同利益有所分化、对立的同时,还能够成为"社会的头脑和社会的心脏",根本上是因为统治阶级通过自己的实践活动自觉或不自觉地体现着社会基本矛盾所规定的历史要求,自觉或不自觉地贯彻着人民群众的部分愿望和要求,这一点表现在历史过程中便是统治阶级是人民群众的"总代表",而人民群众是被统治阶级所代表的"沉默的大多数"。因此看待问题实质,就不应当仅仅关注活跃于舞台之上的少数的英雄人物或统治阶级成员,而是应当透过少数人物的历史行动,看到被少数人物所代表的广大人民群众及其作用。简言之,人民群众是推动历史前进的主要力量,而人民群众的推动作用在相当长时期内是通过统治阶级的作用体现出来的。

---

① 《马克思恩格斯文集》第2卷,北京:人民出版社2009年版,第31页。
② 《马克思恩格斯文集》第1卷,北京:人民出版社2009年版,第14页。

2008年金融危机发生的根本原因是什么？

您在课堂上说很多学者从人性角度去分析金融危机的根本原因是说不通的，我也觉得他们这样说不通，是对表面的解释，那他们这么说是故意的吗？是有企图的吗？另外，马克思认为金融危机的发生是由于资本主义社会的生产关系与生产力不再适应，这个具体要怎么理解呢？我赞同马克思的观点，但是当我想用来解释2008年的危机时却不知道怎么解释了。

同学你好，你连续向我提问了多个问题，这些问题的核心无非就是一个：2008年金融危机发生的根本原因是什么？我想只要这个核心问题解决了，其他问题也能够迎刃而解。当然，关于资本主义经济危机发生的根本原因，在马克思看来就是资本主义社会的生产关系和生产力不相适应，这一点你已经提到，但是关键在于"资本主义社会的生产关系和生产力不相适应"这一点在2008年金融危机当中是如何具体体现的。如果我们只是知道了抽象的一般理论，却不知道如何运用抽象理论分析具体的实践，那么人们就会"理所当然"地认为理论是没用的，恐怕这是很多人认为马克思主义理论没有用的原因。所以，一种理论是否"有用"，在很大程度取决于我们能否"运用"它，而不仅仅是这种理论本身怎么样。我们不能要求一个多世纪以前的马克思来分析2008年的金融危机，但是我们可以运用马克思主义理论来分析这场危机，这是我们今天的责任，不能把今天我们一些人不承担责任而导致的认识结果归咎于马克思本人及其理论。让我们来分析2008年金融危机发生的根本原因。

既然是谈根本原因，那么就不能在问题的表面、现象层面来找原因，更不能把表面原因、现象原因当做是根本原因，这是我们在谈论根本原因时首先需要注意的问题。关于表面原因和根本原因、现象原因和本质原因的区别，马克思曾经强调过："如果事物的表现形式和事物的本质会直接合而为一，一切科学就都成为多余的了。"[①] 凡是科学的理论，一定是透过现象抓住本质，而不是停留于现象领域，或是把现象当做本质来看待，这是科学得以存在的理由，也是那些"不科学"的理论成不了科学的原因。以我的经验来看，我们应当特别警惕那些符合常识、接受起来很顺畅的所谓科学理论，因为事物的现象和本质往往是不一致的，甚至是截然相反的，有一些理论迎合于人们的第一印象和感性认识，所以会被人们认为是科学的理论，然而这些理论还远远

[①] 《马克思恩格斯文集》第7卷，北京：人民出版社2009年版，第925页。

没有说出事物的本质是什么，距离科学理论还差得远。例如对于2008年金融危机的发生原因，很多西方学者的理论都是针对"信贷滥用""过度投机""决策失误""监管缺位""管理混乱""外部冲击"以及"贪婪""自大"等几个方面来论述的。其实，这些方面在稍具经济学知识的人那里都是常识，甚至是没有经济学知识的普通人也会根据自己的耳闻目睹猜出大概，因为不管是信贷、投机、决策，还是监管、贪婪、自大，都是人们凭常识就能够找到的原因（请注意，像信贷、投机、决策、监管、贪婪、自大等概念都已经成了大众的通俗用语，而不仅仅是学术用语），只不过西方学者的理论将这些方面理论化、数学化和复杂化了，但究其实质，这些理论所做的全部解释工作不过是表面原因的理论化、现象原因的系统化。不管这些论述用到了多少其他理论的支持和佐证，归根结底它们还是停留于事物的"表现形式"上，还根本没有深入到"事物的本质"层面上，因此对于解释金融危机的发生原因来说，这些论述就不是科学。

我在课堂上说很多学者习惯于把人性恶当作是金融危机的根本原因，尽管他们认为人性恶已经是根本原因了，但是我认为人性恶仍然是一种表面原因，因为人性恶的论述始终解释不了这样一点：既然人性是恶的、贪婪的——这意味着在2008年之前人性也是恶的、贪婪的，为什么人性恶偏偏在2008年的时候导致金融危机了呢？这是抽象的人性理论所解释不了的。当然，人性恶确实在这次危机中全方位暴露出来，能承认这些事实说明很多学者还拥有比较健全的自我反思意识。那么很多学者把人性论抬出来是故意的吗，是有企图的吗？对此，我可以简单地说既是故意的又不是故意的,既是有企图的又不是有企图的。之所以是故意的、有企图的,是因为他们始终在自觉地规避资本家群体对于金融危机发生的主要责任问题,始终在尽量地为资本家政府减轻对于危机爆发应当承担的监管责任,要实现这些目的,最好的办法就是抬出人性恶的理论。因为按照人性论的一贯阐述逻辑,人性是每个人都具有的,既然人性是恶的,那么每个人都是恶的,因此每个人都需要为危机爆发承担责任,每个人都应当扪心自问、良心自责,这无形当中就把最应当承担责任的资本家群体及其政府给漂白了。这就是人性恶理论被很多学者器重的重要原因。

马克思在《资本论》第一版序言中说过这样一段话:"在政治经济学领域内,自由的科学研究遇到的敌人,不只是它在一切其他领域内遇到的敌人。政治经济学所研究的材料的特殊性,把人们心中最激烈、最卑鄙、最恶劣的感情,把代表私人利益的复仇女神召唤到战场上来反对自由的科学研究。例如,英国高教会派宁愿饶恕对它的三十九条信纲中的三十八条信纲进行的攻击,而不饶恕对它的现金收入的三十九分之一进行的攻击。"[1] 在我看来,关于金融危机发生原因的解释,绝不是像很多学者在解释之前所作出的保证那样,是自由独立的、不偏不倚的,这些解释总是直接或间接地与自我利益和群体利益密切地联系在一起,把发生原因解释成那样而不是这样,往往是为"维护资本家利益"在背后发挥了决定性作用,这就是很多学者解释危机时的故意和

---

[1] 《马克思恩格斯文集》第5卷,北京:人民出版社2009年版,第10页。

企图。

不过这只是问题的一个方面,另一方面是很多学者提出人性论既非故意的也无企图。为什么这样说呢?因为很多学者是真诚地相信人性恶是2008年金融危机发生的根本原因,也就是说,他们不是为了掩盖危机的根本原因而提出人性论,而是他们本来就发自内心地认为人性恶是危机的根本原因,就此而言,很多学者是非常诚实的。就像他们中很多人非常真诚地相信理性人(实则是自私人、贪婪人)假设并且把这个假设当作是整个经济学的出发点一样,同样非常真诚地相信贪婪是危机发生的根本原因。这样一来,他们提出人性论就不是所谓的阴谋或故意,而是他们内心意图的真实表达。很多学者之所以会这样,是因为他们始终没有分清经济范畴与经济范畴人格化之间的区别,没有分清经济规律与经济规律在贪婪中的体现之间的区别。同样是在《资本论》第一版序言中,马克思提醒人们:"这里涉及的人,只是经济范畴的人格化,是一定的阶级关系和利益的承担者。……同其他任何观点比起来,我的观点是更不能要个人对这些关系负责的。"① 这意味着关注危机发生的根本原因,不能仅仅关注危机中的人及其人性表现——因为这些人及其人性表现无非是某种经济关系的人格化表现而已,而是要关注使人如此贪婪的规律性原因是什么、人贪婪其中得以体现的经济关系是什么。只有揭示出这些方面——这些恰恰是隐藏在现象背后的、常识的眼睛发现不了的本质,科学的解释才能出现。那么到此为止我可以回答你的

---

① 《马克思恩格斯文集》第5卷,北京:人民出版社2009年版,第10页。

第一个问题了:由于站在"维护资本家利益"的立场上,很多学者只能把危机的根本原因归结到人性恶的方面,这是一种"真诚的故意",要走出"真诚的故意",就要透过现象抓住本质。

那么,危机发生的根本原因究竟是什么呢?按照马克思的理论,2008年金融危机发生的根源是生产过剩,只不过这里的生产过剩不是绝对的生产过剩,而是相对的生产过剩,即相对于普通大众的有支付能力的消费需求来说,资本的生产能力过剩了,这是资本主义社会的生产关系与生产力不相适应的具体表现。马克思指出:"一切现实的危机的最终原因,总是群众的贫穷和他们的消费受到限制,而与此相对比的是,资本主义生产竭力发展生产力,好像只有社会的绝对的消费能力才是生产力发展的界限。"① 资本家之所以会不顾普通大众有限消费能力的情况,是因为资本家设计出了能够虚拟地买卖商品的金融衍生产品,这些产品掩盖了资本的生产能力快速增长和普通大众的有效需求相对缩小之间的矛盾,从而导致资本家也陶醉于大众消费的虚假繁荣中,因此当金融危机爆发时,就连资本家也感觉危机像是突然来袭。

表面看来,传统的经济危机(即实体经济危机)表现为生产的相对过剩即消费不足,而这次金融危机则表现为消费的繁盛、消费的过度,因为在金融危机发生之前,社会消费领域非常旺盛,资本家推向市场的金融产品受到消费者的青睐。可以说消费强有力地支撑着生产,似乎不应当发生金融危机,似乎这次金

---

① 《马克思恩格斯文集》第7卷,北京:人民出版社2009年版,第548页。

融危机和以往的经济危机发生了本质区别。实则不然,这次危机仍然根源于生产的相对过剩,是生产过剩这个规律本身"以铁的必然性发生作用并且正在实现的趋势"的一种表现。在资本主义社会的以资本为基础的生产社会化与生产资料私人占有之间的矛盾作用下,一方面在资本追求利润的强力驱动之下,资本家向大众推出的商品供给出现无限增长趋势,另一方面普通大众的贫困化趋势却在增长,全社会的消费需求增长缓慢甚至停滞。国际劳工组织2008年11月发表的《2008/2009年全球工资报告》指出,1995年至2007年间,普遍来看,每年的人均国内生产总值每增长1%,人均工资仅增长0.75%,全世界四分之三的国家都出现了工资收入在国内生产总值中所占比例下降的情况。这一点在美国也不例外,美国经济在2000年至2005年间增长了12%,生产力提高了17%,而同一时期,美国中等收入者的工资只增加了3%。[1] 普通大众工资增长趋缓,直接引起全社会的消费需求不振,因此只能依靠借款、贷款来满足消费需求,而借款、贷款的实质仍然是有支付能力的消费需求不足。在今天的美国,贷款制度、信用制度高度发达,普通大众也早已习惯贷款消费,因此很多美国人对于贷款消费所引发的生产过剩根本就是浑然不觉。

另一方面以金融业为代表的虚拟资本长期脱离实体经济而独立运行,由此造成的金融泡沫进一步掩盖了生产过剩的真相。马克思指出,追求剩余价值的最大化是资本家决策和行动的最高行

---

[1] 参见刘海霞:《当前经济危机的马克思主义解读》,载《红旗文稿》2009年第19期。

为原则，这会导致他们突破一切生产上的限制，把任何一种界限都看做是对资本的限制从而寻求超越。很长一段时间以来，金融业的超额剩余价值让很多资本家相信金融是现代经济的命脉和关键，因此资本家更愿意将资本投入到不制造实体产品的金融领域，不愿意关注实体经济的生产领域，或是将生产搬到第三世界中去进行。但金融资本终究是一种虚拟资本，虚拟资本既是实体经济发展的产物，更是以实体经济为依托并为其服务的。当以金融业为代表的虚拟资本的独立性和自主性越来越强，这说明一方面虚拟资本已经越来越偏离为实体经济服务的本质规定，另一方面实体经济已经越来越依赖于虚拟资本的增长。由于长期的金融泡沫难以为继，最后全面的金融危机得以爆发，从而又引起了实体经济危机。

这次国际金融危机只不过是资本主义经济危机的一种全新表现形式，正是为了解决生产领域的过剩，金融业和虚拟资本才会迅猛发展，而虚拟资本的虚假繁荣又掩盖了生产的过剩真相，这进一步加剧了生产过剩危机。可见，金融危机和生产过剩存在着本质性、结构性关系，而很多学者恰恰看不到这一点，总是把危机根源归结为金融衍生品泛滥、金融创新过度、政府监管和救助不力、资本家贪婪等表象层面、非本质层面，这就会掩盖金融危机发生的根本原因，不利于人们从根源上和本质上来预防和克服金融危机。

《拿烟斗的男孩》为何会拍出1.04亿美元的天价?

老师您好,我有一天在电视上看到限量珍藏邮票,这些邮票的价格非常高,怎么用马克思的价值理论来解释这种现象呢?

我不清楚你说的"限量珍藏邮票",是不是这种邮票价格很高,以致脱离了它的价值量,因此无法用马克思的劳动价值理论解释了?因为你没有说明这种邮票的相关细节,我只能按照我的理解来做出回答。

限量珍藏邮票作为商品进入市场后和其他商品一样,具有商品使用价值和价值两个因素,它的价值是凝结在商品中的劳动,价值量是由生产商品所耗费的劳动量决定的。换句话说,它的价格仍然受到价值规律的调节。为了解释这一点,我以毕加索的名画《拿烟斗的男孩》为例加以说明(名画和邮票蕴含的道理是一样的)。《拿烟斗的男孩》曾经拍出了1.04亿美元的天价,为什么这幅画能拍出如此之高的价格？我想原因有以下几点：

第一，毕加索创作《拿烟斗的男孩》时耗费了一定的劳动量，这种劳动不同于流水线中的替代性劳动，它是毕加索本人的独特性劳动的产物，独特性劳动的价值量一定会大于替代性劳动的价值量。毕加索的这幅名画，蕴含着这位著名画家对事物的思考方式、对人物的观察方式和对世界的整体理解，这些都是其他任何人无法替代的。需要注意的是，这里我们所谈的劳动的核心主要是指精神劳动，而不是体力劳动。

第二，毕加索经过多年的勤学苦练，才会创造出这幅画，这其中也耗费了他的大量体力和脑力劳动。

第三，毕加索能够创作《拿烟斗的男孩》，包含有笔墨、颜料、纸张等物质生产者的劳动，这些劳动都属于创造这幅画所耗费的劳动。

第四，当毕加索成为举世闻名的画家之后，他的艺术品的价格自然也会水涨船高，因为在一个人缺乏名声的时候，没有人需要他的画，这表明他的艺术品市场处于供大于求的状态，按照价值规律理论，他的艺术品价格自然不会很高，高了也卖不出去；在一个人名声上升过程中，开始有更多的人关注甚至购买他的画，这就表明他的艺术品市场向供不应求转化，这样价格自然便会抬高，这正是价值规律的体现。尤其特殊的是，毕加索是20世纪世界上数一数二的画家，那么他的艺术品市场便会是非常极端的供不应求。毕加索已经去世，不可能再供给新的作品，在可以预见的未来，他的作品的供不应求状况只能越来越强烈，这些都是拍出天价的重要原因。

第五,从毕加索创造这幅画开始,这幅画能够保存和流传至今,其间难以计数的人花费了巨大心血、财富甚至生命,这些都是劳动的体现形式,也都无形中提高了这幅画的价格。据我所知,这幅画曾经辗转流传到德国一位犹太富商手中,在二战期间为了保存这幅画等珍贵艺术品,犹太富商及其家族成员费尽心血,最终画是保存了下来,但家族中有很多人落入纳粹手中,死在了纳粹集中营里。另外,这幅画还寄托着一场与犹太富商有关的爱恋,从二战前到二战后,直至 21 世纪,围绕这幅画还产生了一段凄美而高尚的爱情故事。我想这些经历都是一般画作所没有的,这些故事增加了这幅画的传奇色彩,无形中极大地激发了人们的好奇心,从而有助于天价的诞生。

第六,《拿烟斗的男孩》具有长久的不可替代的使用价值。这幅画产生后,人们已经欣赏和使用了多年,并且人们有理由做出假设:只要人类存在下去,只要还有绘画这种形式,《拿烟斗的男孩》就会有人学习、有人欣赏、有人临摹,百年、千年、万年,这种经久难衰的使用价值使得艺术品和实物型的商品区别开来,其使用周期之长无与伦比,这也抬高了它的价格。

第七,求知之心人皆有之,而对于人自身的历史,人们向来保持着强烈的兴趣。通过绘画作品来了解人类社会、了解人类自己,是人们自然的、天经地义的行为。越是时间长久,人们越是想要探索和研究过去,历史的遗物也越是能够绽放异彩、被人瞩目。由此,那些曾承载了很多人记忆、蕴藏着很多人情感的艺术作品包括邮票,自然也会价值连城。

垄断是否偏离价值规律呢？

对于垄断价格是否背离价格规律的问题，我非常认同从长期来看垄断价格会由于种种因素回归到商品的实际价值水平，但是对于课本上所说的"从全社会看，商品的价格总额仍然等于商品的价值总额"的说法不太理解。在特定的时间段来看，垄断导致了一个过高的行业价格，而其商品数量是一定的，因而必然会导致商品的价格总额高于商品的实际价值总额，在短期的意义上，垄断是否可以被称之为偏离价值规律呢？

你所说的"从全社会看，商品的价格总额仍然等于商品的价值总额"，实际上这句话还需要加两个限定条件：一是除了从全社会看之外，还要从长时期看，时期越长、时段越长，就越能够发现商品的价格总额和价值总额之间的关系；二是从全社会、从长期来看，商品的价格总额未必等于商品的价值总额，而是商品的价格总额无限地趋近于商品的价值总额。你可以想一下，即使价格总额等于价值总额，也只是一瞬间的事情，因为全社会时刻都在进行商品交换，刚刚取得的价格总额和价值总额的相等很快就会被无数即将到来的价格和价值的不等价交换所打破。所以我以为价格总额和价值总额相等是非常偶然的事情，但是价格总额和价值总额的无限趋近则是一个明显的趋势，这类似于数学中的极限概念。而且这个问题一定要在全社会和长时期过程中来看，考察范围越广、考察时段越长，那么这种特点就会越明显。

如你所说，"在特定的时间段来看，垄断导致了一个过高的行业价格，而其商品数量是一定的，因而必然会导致商品的价格总额高于商品的实际价值总额"，这里的关键是在特定的时间段来看，而不是长时段来看，如果长时段来看，垄断仍然没有偏离价值规律，垄断高价的长期存在必然缺乏充足的有支付能力的消费需求来支撑，因此垄断高价往往是不可持续的，打破垄断高价的方法有很多，比如行政干预、经济危机、提高工资等，这些方法都改变了垄断高价的存在条件。但是也正如你所说："在短期的意义上，垄断可以被称之为偏离价值规律。"垄断确实偏离了价值规律，使得价格不能按照自由竞争和供求关系自发地波动，但是这种情况只是在短期的意义上才成立，长期来看必然有其他商家加入竞争、垄断者之间的竞争、政府干预、民众抗议等各种方式，这些又会促使垄断走向自由竞争，即回到价值规律。不过，这实质上是一个矛盾，自由竞争者始终存在着渴望成为垄断者的强烈冲动（因为能够获取高额的垄断利润），垄断者又始终存在与其他垄断者竞争的冲动，这使得自由竞争产生垄断，垄断又产生竞争，如此循环往复。

资本家为什么要提高工人的工资?

我想问一个关于资本主义国家工人工资的问题。假设工人甲每天生产10元钱的商品,资本家每天发给他的工资是8元,他每天消耗的是6元,资本家购买生产资料的成本是1元,那么被资本家无偿占有的就是1元。现在,资本家想要获得更多的利润,他要求工人甲每天生产14元的商品,但不加工资。这样一段时间后,由于其他的资本家和工人都是这样,供给大于需求(工人无法用他的工资去购买更多的产品),产能过剩,商品堆积,资金链断裂,导致经济危机,因此资本家不得不提高工人的工资以保证商品卖出去,所以现在西方发达国家工人的工资水平都很高。不知我的解释对不对?

我基本同意你对经济危机的解释,你的解释能够不局限于教材,这是值得鼓励的。不过你的解释有些方面过于简单了,我也说一下我对经济危机的看法,供你参考。

以理服人：大学生关心的马克思主义问题

首先，提高工人工资和开发工人需求是资本家应对经济危机的重要手段。资本的本性是无止境地追求剩余价值，这带来了具有冲突关系的两方面结果：一方面资本会尽可能压低生产成本（包括工人工资）来获取尽可能多的剩余价值，另一方面生产的扩大又要求有支付能力的需求能够支持商品的销售。在早期资本主义阶段，虽然工人的生活水平很低，但资本家的剩余价值更多地来自生产领域，而不是工人的消费领域，因此工人的低工资和低消费状况没有构成资本主义发展的障碍，但是到了19世纪后半叶，资本家普遍压低工人工资导致了大量商品超出了工人大众的购买力，工人的低工资严重影响到了整个社会的生产和消费的平衡关系，这种影响发展到极端也就表现为经济危机。

因此，经济危机带给资本家的最大启示就是：为了不致资本家整体陷入绝境，那么就要提高工人的工资和购买力，这样资本家才会安全。如此一来，就有了你提到的资本家提高工人工资的现象。不过，提高工人工资只是资本家解决供大于求的一种手段，因为资本家发现，许多工人的工资哪怕提高了，但是他们的消费量和消费水平未必提高多少，许多人还揣着钱、攒着钱不去花，这样工人工资提高对资本家利益的保证就缺乏实际意义。因此，资本家就想到了要开发工人的消费需求，让工人不仅有能力消费，而且愿意消费、想要消费，这就涉及了如何以文化的形式来让工人认识到自己潜在的消费需求的问题。举个简单例子，资本家给一件普通衣服定价50元，如果从使用价值的角度来说，一个工人穿上这件衣服完全能够满足他的需要了，但是这件衣服只能给资本家带来20元的利润。这时资本家就要想办法了，他要通过广告、电视、电影等大众媒体向工人灌输一个理念：衣服不仅要可以穿，而且要体现人的线条、风度、个性、身份乃至地位。这样，当大众接受了资本家的说服之后，哪怕衣服定价200元、2000元，也乐意购买，因为此时大众看重的就不是衣服的使用价值了，而是衣服蕴含的象征价值、符号价值。不要小看这些虚的方面，正是这些虚的方面极大地增长了资本家获取剩余价值的空间，这也正是资本家为什么在提高工人工资之后始终不渝地培养消费主义、物质主义文化氛围的原因。这些氛围借助现代广告等媒体日益深入工人大众的内心，不厌其烦地教会人们如何才能对得起自己、如何才能活得有个性让周围人羡慕。因此，提高工资解决的是工人的消费能力问题，开发需求解决的是工人的消费意愿和消费动力问题，这两方面又在很大程度上延缓了经济危机的发生。

其次，提高工人工资和开发工人需求都无法从根本上克服经济危机。经济危机蕴含在资本的本质概念中，经济危机的可能性就包含在资本本性之中，只要不扬弃资本本身，那么经济危机就无法彻底地杜绝。资本的本性是无止境地追求剩余价值，这一点决定了资本要克服一切对它的限制，包括提高工人工资对它的限制（提供工人工资，也就相对地减少了剩余价值，这对无止境地追求剩余价值的资本来说是一种限制），所以资本从本性上是不会主动地追求提高工人工资的，这更是一种迫不得已的行为。在这种情况下，工人工资增长的速度（尽管工人工资始终在增长）就会绝对地小于剩余价值增长的速度，这意味着工人工资增长的速度绝对地小于商品供给的速度，发展到一定程度，就会发生以生产过剩为特征的经济危机。比如2008年金融危机，表面看来金融危机发生前美国人的消费是非常充足的，表现为供不应求，普通美国人都不存钱，都借钱用来消费，实际上这种充足的消费是以贷款为前提的，简单来说就是用明天的钱来为今天的消费买单，这仍然说明大众有支付能力的需求不足，相对于大众不足的需求，美国资本家的生产规模实在太大了，这就是供大于求、生产过剩，所以才会发生金融危机，从而导致了实体经济危机。当然，美国的资本主义制度不会在这场危机中崩溃，现在预言资本主义制度会在经济危机中衰退或崩溃都是不谨慎的，但是只要资本这种生产方式存在下去，经济危机就始终存在发生的可能性，因为经济危机其实就蕴含在资本本身之中。就此而言，不管资本家如何聪明，从根本上来说都无法杜绝经济危机的发生，也无法克服经济危机，要杜绝并克服经济危机，只能从根源上解决问题，即改变生产资料私有制，变为生产资料公有制，以适应生产的社会化要求。当然，这种做法只是在资本主义制度已经无法容纳它所唤起的生产力的情况下才是可行的。

工资提高之后，工人的地位变了吗？

我最近看了《共产党宣言》，感觉这个宣言离我们的时代好远好远。很多东西放到今天来看，也基本讲不通了。比如《共产党宣言》中写道："由于机器的推广和分工，无产者的劳动已经失去了任何独立的性质，因而对工人也失去了任何吸引力。工人变成了机器的单纯附属品，要求他做的只是极其简单、极其单调和极容易学会的操作。因此，花在工人身上的费用，几乎只限于维持工人生活和延续工人后代所必需的生活资料。"而现在看来，人才越来越重要，给予人才的工资和待遇也越来越优厚。这样的例子还有很多，请问这些现象怎么解释？

确实像你所说，《共产党宣言》中所讲的部分观点距离我们今天这个时代——不管是资本主义社会还是社会主义社会——非常遥远了。《共产党宣言》曾经预言资本主义社会将会逐渐走向灭亡，但是20世纪以来资本主义反而借助全球化将其势力扩展

以理服人：大学生关心的马克思主义问题

到整个世界，而且马克思断言无产阶级是资本主义社会的掘墓人，但是当代实践却日益显示出无产阶级被资产阶级同化的历史命运。另外，马克思曾经批判过的工人悲惨生活境遇的问题，也已经在当代社会中失去了其针对性。从这些方面来看，马克思在《宣言》中的一些论断已经失去有效性，这是我们应当承认的。

但是，经典著作之所以是经典著作，不仅仅在于经典著作对自己的那个时代做出了什么样的具体判断，而在于经典著作对以后的各个时代产生了什么样的启示作用，前者往往容易过时，后者则历久而弥坚。例如，《共产党宣言》虽然做出的资本主义社会即将灭亡的具体判断不再有效，但是《共产党宣言》从阶级的角度把握社会群体和社会结构的方法，对资产阶级进步性和局限性做出的判断以及在这个判断基础上做出的资产阶级历史命运的预测，仍然是有效的。马克思面对纷繁复杂的社会群体，自觉地从群体的根本经济利益层面，即其阶级性的角度来认识他们的作为，这样一个根本角度要比从主观意识、经济收入、政治态度等角度更能够把握群体的真实面貌和利益归属，也能够理解为什么工人阶级的工资提高了很多之后，仍然在其阶级属性上与资产阶级泾渭分明，即提高工资后的工人阶级仍然没有变成资产阶级，因为一方面资产阶级要以工资提高作为手段笼络工人阶级，而且工人的工资不提高的话，那么资本家的大量商品就无法卖出去，可以说工人工资的提高既是收买策略，也是资本家利益所要求的；另一方面工人工资提高之后，仍然没有对整个经济过程发挥支配性的主导权，这个权力仍然牢牢地掌握在资本家手中。就像今天的美国经济一样，整个美国经济体的发展方向和主要性质，仍然牢固地控制在资本家手中，广大蓝领和白领工人对自己的工资可能有谈判权，但是涉及宏观经济政策方面，他们的权力就变得微乎其微了，美国在金融危机中的应对措施很多都是维护大资本家、大金融寡头的利益，而不是把工人的利益放在首位，这就突出地体现出了不同群体——实质上就是不同的阶级集团——的阶级属性和阶级地位。

从这个角度来看，单纯关注收入的提高和待遇的改善，就会对认识各个群体的真实属性和地位造成障碍，也正是因为有这样一个效果，所以很多人会以收入和待遇的改变来论证无产阶级的消失。在我们这样一个看现象容易但是看本质困难、看收入容易但是看阶级困难、看直接利益容易但是看根本地位困难的时代，要坚持阶级的视角确实很困难了，但是马克思主义的伟大正是在这里，请仔细体会。

现代社会的劳动还是异化劳动吗？

在《1844年经济学哲学手稿》异化劳动和私有财产的章节中，有这样一段话："首先，劳动对工人来说是外在的东西，也就是说，不属于他的本质；因此，他在自己的劳动中不是肯定自己，而是否定自己，不是感到幸福，而是感到不幸，不是自由地发挥自己的体力和智力，而是使自己的肉体受折磨、精神遭摧残。"但是在现代社会，人们通过劳动体现自我价值，越是能够创造出有价值的东西的人越能得到社会的认可，为什么会有这种差异？

《1844年经济学哲学手稿》中的这段话是马克思异化劳动理论的第二个规定：工人同自己的劳动的异化。在马克思生活的时代，也就是早期资本主义的历史时期，资本家获取剩余价值的主要方式是绝对剩余价值，即在必要劳动时间不变的条件下，通过绝对延长工作日，从而绝对延长剩余劳动时间生产出来的剩余价值。绝对剩余价值的体现形式主要就是延长工人的劳动时间,工人的劳动时间越长,工人的剩余劳动时间就越长,从而剩余价值就越多,导致资本家对工人的剥削程度越严重。例如,在工人上班以后,不准中间休息,限制吃饭时间,采取拨弄时针的手段强迫工人提早上班、推迟下班,甚至寻找各种借口强迫工人加班加点,这些都是延长劳动时间的具体方式。除此之外,资本家还通过提高劳动强度的办法来增加劳动的含量,使得工人劳动的每一分、每一秒都增加更多的劳动,这是一种变相延长劳动时间的方式。卓别林电影《摩登时代》中的那个工人不就是资本家获取绝对剩余价值动机支配下的一个悲惨工人的现实写照吗?劳动时间的延长和劳动强度的加大给工人带来了严重的后果,使得工人精神紧张、肉体麻木、健康受损、死亡率增高,即马克思所说的"肉体受折磨、精神遭摧残"。这些情况在马克思时代是普遍发生的,然而正像你说的,现代社会的劳动变成了体现自我价值的方式,那些越是能够创造出有价值的东西的人越能得到社会的认可,如何来理解两个时代的劳动的差别呢?

不可否认,无论从劳动时间、劳动形式,还是从劳动环境、劳动意义来看,现代社会的劳动都和马克思时代的劳动具有很不相同的意义。如果说马克思时代的劳动具有"折磨、摧残"的极端负面后果的话,那么今天的劳动更多地具有体现价值、丰富生活、拓展关系的积极效果,尤其是在西方资本主义发达国家。看一下那些全球性公司和跨国企业员工的日常工作状态,我们似乎很难发现马克思时代劳动的影子,因此这一现象也成为很多人批评马克思异化劳动理论的理由。然而对比之下,马克思异化劳动理论没有时代价值了吗？答案是否定的。

首先，现代社会的劳动虽然具有了更多的积极效果，但这些都是在资本能够增值、资本家仍然能够最大化地获取剩余价值的范围内取得的。刚才谈到，资本家为了获取绝对剩余价值，总是尽可能地延长劳动时间和增加劳动强度，但是资本家的手段受到了三种界限的制约。一是生理的界限。任何人在一天24小时的时间里必须要花费一定的时间用于睡觉、吃饭、休息等生理活动，这部分时间是资本家无法剥夺的。二是道德的界限。工人除了劳动之外，还需要一定的时间来学习、培训、养育子女、照顾家庭、参加娱乐和社交等活动，资本家对这些活动也无法随心所欲地剥夺。三是法律的界限。伴随着工人阶级的罢工和游行，资本家被迫实行八小时工作制，这就在法律上给资本家延长劳动时间设置了障碍。这三方面因素，尤其是在工人阶级持续斗争的强大压力下，现代社会的资本家已经较为普遍地改变了马克思时代的做法，而是在工人劳动时间长度不变的条件下，尽量缩短工人的必要劳动时间，由此相对地延长剩余劳动时间而产生的剩余价值，这就是相对剩余价值的获取。

相对剩余价值已经成为现代社会资本家获取剩余价值的主要方式，在今天的资本主义国家有着更加丰富的表现。例如，现代企业在保留以往的管理手段的同时，普遍采取企业文化的管理方式，通过塑造员工的合作意识、调整员工的价值观，从而把员工的行为纳入保证企业利润最大化的过程中。相对于其他的管理方式，文化的管理方式往往以人性的名义出现，并且是隐性的、根植于员工头脑中，因此它很容易得到员工的认同和支持，像你说的"劳动体现自我价值"便是文化管理方式的重要形态。资本家已经深刻地意识到,为了最大限度地获取剩余价值,与其让工人每天饿着肚子、忍受着折磨和摧残工作,不如让员工积极地、心情舒畅地投入工作,只有后者才是保证资本家持续获取剩余价值之道。所以现代资本家普遍提高工资、增加福利待遇、创设人性化工作环境、吸收工人加入管理层等,这些措施的终极目的只有一个:让员工更加自觉自愿地投入到为资本家创造相对剩余价值的过程中。所以,尽管现代社会劳动的积极意义极大地彰显出来,但这些意义都是在保证资本家获取剩余价值的前提下才能产生,或者说只有当劳动的积极意义对资本家有利时,资本家才会鼓励这种积极意义。可以说,资本家对员工的关心越是无微不至,也就意味着资本家对员工的控制和支配越是无孔不入。相对于马克思时代的劳动状态,当今时代劳动的被支配程度大大地加重了。

其次,当我们说"劳动体现自我价值"的时候,这意味着我们的视野还是局限在发达资本主义国家内部和一些新兴经济体中,一旦我们将视野扩展到资本生产方式的所到之处,就会发现劳动的"折磨和摧残"与其说被资本主义消灭了,不如说被资本主义转移了。转移到哪里了?转移到那些刚刚采用资本生产方式、各种规章制度还很不完善的地区中,也就是我们通常说的亚非拉地区。这些地区一方面在大力发展资本的生产方式(就像中国的"吸引外资"),另一方面规范资本运作方式的法律规范等制度安排又不完善,加上这些地区普遍缺乏工人阶级反抗资本家的历史传统,这就造成了资本获取绝对剩余价值方式的再次兴起

（当资本能够比较容易地获取绝对剩余价值时，它还能有什么动力去获取相对剩余价值？），因此我们不难发现很多公司（请注意，这些公司是现代社会的公司）光明正大地违反八小时工作制的制度规定，即使加班，员工要拿到符合法律规定的加班工资往往也是阻力重重，这不正是资本家获取绝对剩余价值的体现吗？今天在劳动密集型行业、互联网行业中普遍存在着超时工作（即超过八小时）的问题，这些现象普遍地出现在中国之外的其他发展中国家。由此，断言劳动的积极意义已经成为劳动主要性质的说法是不符合实际情况的。只要我们把视野放到发展中国家，就会发现马克思时代劳动的影子仍然没有退出当今社会的舞台。

第五章

共产主义社会还有没有矛盾

社会主义和资本主义的区别到底是什么?

中国属于社会主义国家,然而令我不解的是这种社会主义制度与西方的资本主义制度有什么本质上的区别呢?邓小平同志曾经就姓"社"还是姓"资"的问题提出了著名的"白猫黑猫"理论。他之所以这么说而不是旗帜鲜明地表明我们没有资本主义成分,想必就表明我们采取的市场经济就是资本主义成分。资本主义和社会主义界限到底是什么呢?

社会主义与资本主义的本质区别是一个引起了无数争论的问题,涉及的方面很多,不过我们至少可以从三个方面来认识它。首先,人们为什么会关注社会主义与资本主义的本质区别?其实,以往我们一直高调坚持"社会主义优越论"的话语,这几年优越论话语提得不是很多了,更多地讲"中国特色社会主义"。但是这一类的话语说得很多之后,人们发现尽管理论上可

以理服人：大学生关心的马克思主义问题

以说中国的社会主义怎样有特色，现实情况却是中国往往在学习西方资本主义国家的很多机制和做法。例如当华为公司被美国政府高强度打压时，华为公司的掌门人任正非仍然强调要向美国商人同行学习、学习美国的优点。这样，人们自然就会产生疑问了：一方面我们坚持中国特色社会主义，另一方面我们又在事实上学习资本主义的很多长处，那么社会主义和资本主义到底有什么区别？如果有的话，这些区别是什么？

其次，这里的"社会主义""资本主义"到底是指的什么？实际上，当人们使用"社会主义"一词时，这个词所指称的内容往往不一致。有的人使用的是作为"社会形态"的社会主义，有的人使用的是作为"社会制度"的社会主义，有的人使用的是作为"社会现实"的社会主义，有的人使用的是作为"社会理想"的社会主义，还有的人使用的是作为"理论形态"的社会主义，如此等等，不一而足。比如，有人认为社会主义如何优越，有人说社会主义如何不如资本主义。暂且不管他们说的对错与否，其实他们使用这一概念的尺度是不一样的，前者是从"社会形态的本质层面"说社会主义，后者是从"社会的现实状况"说社会主义，这两种说法根本不构成相互的反驳。就像我说这个女孩很丑，你说这个女孩很美，但我是从外貌的角度说她丑，你是从内在素质的角度说她美，不管我和你争论得如何尖锐，其实你我的观点并不对立。同样，很多讨论社会主义和资本主义问题的人往往都没有点明自己使用的概念是什么意义上，由此导致了很多争论。所以，这也就有了下面的问题。

再次，我们应当如何来认识社会主义和资本主义的本质区别。我是从"本质特征和现实状况相结合"的层面上来谈论社会主义和资本主义的。就本质特征来看,资本主义与社会主义的本质区别是生产关系的不同,即以生产资料所有制为核心的生产关系的不同,这也是区别其他社会制度的根本标志。生产资料的私人占有与生产的社会化之间的矛盾是资本主义的基本矛盾,请注意这句话的前半部分"生产资料的私人占有",这是资本主义的本质特征,如果生产资料是社会化占有、全体社会成员占有,那么就是社会主义的本质特征了。也许你会说邓小平描述的社会主义的本质特征不是这样的,邓小平说:"社会主义的本质是解放生产力,发展生产力,消灭剥削,消除两极分化,最终实现共同富裕。"[①] 在我看来,邓小平的这段论述是特别地针对生产力不发达阶段的社会主义而言的,正像他所说:"现在虽说我们也在搞社会主义,但事实上不够格。"[②] "够格"的社会主义一定是生产力发达基础上的社会主义,当社会主义处于生产力不发达阶段时,主要的任务是尽快地提高生产力,为过渡到发达阶段的生产力奠定必要的物质基础,而不是急于改变生产关系,追求生产关系的"一大二公"。如果在与资本主义相比较的语境中,社会主义的本质特征便是生产关系层面的生产资料公有制,不过需要注意的是这里的公有制是建立在生产力发达的基础上,而今天的中国社会主义还没有达到这样一个阶段,还处在追求发达社会主义的历史阶段,所以邓小平的社会主义本质论述要放在这种语境中来理解。

---

① 《邓小平文选》第3卷,北京:人民出版社1993年版,第373页。
② 《邓小平文选》第3卷,北京:人民出版社1993年版,第225页。

以理服人：大学生关心的马克思主义问题

就现实状况而言，我国生产资料公有制的体现形式包括国有制（也称全民所有制）、集体所有制以及混合所有制当中的国有和集体部分。因为公有制在我国经济比重中占据主导地位，所以就现实状况来说，我国毫无疑问实行的是社会主义。很多人在理解社会主义时，往往无法理解实行了市场经济难道还是社会主义吗？其实他们的预设是只要是社会主义，就不能实行市场经济，市场经济是资本主义独有的，社会主义和市场经济是不兼容的。邓小平对这种预设早就分析和批判过："计划多一点还是市场多一点，不是社会主义与资本主义的本质区别。计划经济不等于社会主义，资本主义也有计划；市场经济不等于资本主义，社会主义也有市场。计划和市场都是经济手段。"① 市场经济的确是在资本主义社会中产生的，但不能认为市场经济带有资本主义性质。市场经济强调的是市场在资源配置中起基础作用，只是一种手段而已，而手段如何起作用、起什么作用，仍然要放在整个经济制度的层面上来考虑。我国实行的是社会主义市场经济体制，社会主义是其根本属性，确保我国的市场经济不会朝资本主义方向（即生产资料的私人占有为主导）发展。正是针对我国理论界曾经长期将市场经济直接等同于资本主义、将计划经济等同于社会主义的观点，邓小平提出社会主义也可以搞市场经济，摘掉了市场经济头上的资本主义帽子，为我国的改革开放奠定了思想基础。

最后，如果说社会主义比资本主义具有优越性，这是就它的

---

① 《邓小平文选》第3卷，北京：人民出版社1993年版，第373页。

本质特征和发展趋势而言的,并不是说社会主义制度在某个国家某一时期一经确立,其优越性就立刻充分地发挥出来,就马上"够格"了。应该清醒地看到,一个国家的社会主义从"不够格"到"够格"是一个长期、曲折的发展过程,并且始终是以生产力的不断提高为前提的,这一过程也不排除某些社会主义国家会发生倒退。同时,我们也要从过程性和本质性相结合的角度来认识社会主义,就像资本主义一直处于动态的自我调整一样,社会主义本身也是一个发展的过程,需要我们以发展的眼光来看待它。

共产主义社会中的人性是怎样的？

对于"资本主义和社会主义会不会长期共存的问题",在我看来,这两者本质上都是社会制度,主体是人,自然关键也应该在人,而且未来的共产主义必定要求人的思想水平达到某一个高度。而这样的高度我也是一直在思考,那就是人性自私向着人性无私的转换。因而在这个问题上,要实现这样的目标,必然是长久的,所以我同意长期共存的观点。

资本主义和社会主义必然是长期共存的,共存的原因很多,比如两种社会制度的较量、斗争的多层次性和复杂性、统治阶级的强大和顽固性,还有你所说的人性的原因。不过,当人们在谈论人性问题时往往会陷入一种"抽象化"的认识误区,认为人性是可以超越于具体时代、具体环境和具体条件的,人性可以从历史中提取出来并加以概括,典型例证便是人类思想史上不断出现的"人性恶""人性善""人性既恶又善""人性无恶无善"

等一系列理论和观点。先不说这些观点的内容如何，所有这些观点的共同特征是以抽象的方式来对待人性，实际上这种方式是不合理的。在我看来，从来没有抽象的、一成不变的人性（当人们提出人性自私或人性善良时，就把古今中外的所有人看成了具有相同人性的人，这便是"抽象"的方式），而只有在具体条件下、具体时代中的具体的人性，人性根深蒂固地依赖于它所处的环境和条件，在不同环境和条件下就会表现出不同的人性。比如在经济领域，人性更多地表现出自私、自利的特征，在家庭、公益乃至社会领域，人性更多地表现出利他、无私的特征。再比如在抗疫斗争、抗震救灾的情况下，很多人都会表现出趋利避害的特征，但是在母亲救子女、消防队员救火、陌生路人救助溺水者的情况下，我们发现人们反而具有趋害避利的特征，这显示出人性对于环境和条件的深度依赖性。在不同条件、不同环境下的人性是截然不同的，这就要求具体问题具体分析，而不能笼统地谈人性是什么。

同样，人性对于社会主义的意义也要在具体的环境和条件下来谈，而不能笼统地说人性是什么。我不赞同我们现在就去设想共产主义实现以后，人性会是什么样。这个问题不是我们能够设想出来的，也是我们不应当去设想的，因为未来人的人性会表现出怎样的具体状态，不会按照我们的设想去展开，而一定会依据当时当地的情况、环境来展开。当然，现在的人们可以大致地、原则性地去展望共产主义社会的人性，比如马克思就这样去畅想未来理想社会的人性："只有在那个时候，才能完全超出资产阶级权利的狭隘眼界，社会才能在自己的旗帜上写上：各尽所能，按需分配!"① 很多人往往关注马克思说出的"按需分配"特征，但是马克思还提出了"各尽所能"特征，那么什么是"各尽所能"呢？我想"各尽所能"是一种每个人都主动地贡献自己力量、每个人都积极地提供自己智慧、每个人都自觉地发挥自己能动性的状态，这种状态甚至已经远远地超越了"人性无私"，因为"人性无私"往往带有自我牺牲、自我克制的成分，而共产主义社会的"各尽所能"则出于每个人的自觉自愿，丝毫不带有自我牺牲的成分。就此而言，共产主义社会的人性表现出积极主动、高度和谐的特征。

---

① 《马克思恩格斯文集》第 3 卷，北京：人民出版社 2009 年版，第 436 页。

共产主义社会有矛盾吗？

如果说矛盾是社会发展的必要动力，那么我们所向往的共产主义社会如果没有矛盾，是不是就不会发展，而只会倒退了？

矛盾是社会发展的动力，具体而言这里的矛盾指的是生产力与生产关系、经济基础与上层建筑之间的矛盾，这两对矛盾是人类社会的基本矛盾，是贯穿于人类社会发展和变化的全过程的矛盾，因此在共产主义社会仍然是有矛盾的，而且这个矛盾也是共产主义社会发展的动力，推动着共产主义社会继续发展。不过，共产主义社会的矛盾和前共产主义社会的矛盾，这两者的基本内容、根本性质和历史意义是不同的。后者的基本内容是解决物质的绝对匮乏和相对匮乏，这使得此时的矛盾始终具有经济的性质，通俗地说就是人的生存问题和经济问题是这个矛盾的核心内容，而且由于人的生存问题始终规定着各种矛盾的性质、制约着社会其他矛盾的存在和发展，人们主体素质、精神境界的发展就会缺乏坚实的支撑和自由时间的保证,由此导致人类社会各种矛盾的解决往往要以牺牲一部分人的利益为代价,这体现出前共产主义社会的矛盾解决方式的对抗性、代价性特征,如各种各样的剥削、压迫、统治乃至危机、战争等。针对前共产主义社会的矛盾对抗,马克思这样说道:"大体说来,亚细亚的、古希腊罗马的、封建的和现代资产阶级的生产方式可以看做是经济的社会形态演进的几个时代。资产阶级的生产关系是社会生产过程的最后一个对抗形式,这里所说的对抗,不是指个人的对抗,而是指从个人的社会生活条件中生长出来的对抗;但是,在资产阶级社会的胎胞里发展的生产力,同时又创造着解决这种对抗的物质条件。因此,人类社会的史前时期就以这种社会形态而告终。"① 前共产主义社会的矛盾对抗,无论其具体内容如何,都是对人的存在和发展的直接否定,本质上是"非人"的,都是把人当做手段或工具,而没有把人当做目的并由此展开一切活动,因此马克思才把这样一个时期称作"人类社会的史前时期"。

而到了共产主义社会,生产力高度发展,物质财富极大涌流,人们的精神境界极大提高,这就为人的自由全面发展奠定了坚实的客观支撑,人们自然无须把主要精力放在物质匮乏等问题上,而是可以放在如何尽可能地运用自己的潜能、如何获得更高度的自由全面发展等人的发展问题上,即放在"用于发展不追求任何直接实践目的的人的能力和社会的潜力"② 上。共产主义社会不是不再存在人的生存问题和经济问题,而是生存问题和经济

---

① 《马克思恩格斯文集》第2卷,北京:人民出版社2009年版,第592页。
② 《马克思恩格斯全集》第32卷,北京:人民出版社1998年版,第214页。

问题已经不再作为社会的主要矛盾,人们已经可以以自由的、协作的而非对抗的方式追求自我发展和社会发展的直接统一的目标。在共产主义社会中,每个人都能够以主体的真实身份、以能动的有效行动者面对任何其他个人,与任何其他个人产生自由交往性质的社会关系,并且自由交往又会反过来促进每个人的自身发展,使得每个人从个人间的丰富社会关系中领受最大化的财富和动力。共产主义社会中的人们仍然有着属于他们自己的目标和任务,但这些目标和任务都不再具有经济性质和对抗性质,在实现目标、完成任务的历史过程中,一系列矛盾就会涌现出来,而解决这些矛盾也就会推动共产主义社会的进一步发展。

随兴趣而工作的共产主义社会会乱套吗?

《德意志意识形态》有这样一段话:"在共产主义社会里,任何人都没有特殊的活动范围,而是都可以在任何部门发展,社会调节着整个生产,因而使我有可能随自己的兴趣今天干这事,明天干那事,上午打猎,下午捕鱼,傍晚从事畜牧,晚饭后从事批判,这样就不会使我老是一个猎人、渔夫、牧人或批判者。"联想到当今社会常常出现的"通常你不得不做很多你不愿意做的事情",而且也总有一些工作是大家都不愿意做的,每个人能力不同,如果任何人都随兴趣来工作,社会岂不是会乱套?

同学,首先要注意的是《德意志意识形态》(以下简称《形态》)中的这段话不是对马克思时代和我们当今时代的描述,而是对未来的理想社会——共产主义社会中的人们生活状态的描述。不过即使做出这种区分,你也许会问哪怕到了共产主义社会，每个人的能力仍然不同，如果人们都随兴趣而工作，那么共产主义社会不也会乱套吗？好，我们就来分析这个问题。

在《形态》这段话中，"打猎""捕鱼""畜牧"和"批判"只是一些极具象征性的比喻手法，马克思并不是真的就认为在共产主义社会人们上午就只能打猎，下午就只能捕鱼，同样我们也不能天真地认为那时的人们就应当这样来安排一天的活动。实际上，马克思只是以打猎、捕鱼等比喻性手法来刻画共产主义社会中个人摆脱了那些"迫使个人奴隶般地服从分工的情形"，从而实现自由全面发展的状态。打猎、捕鱼、畜牧和批判无非是工作的表现形态，而现代社会的工作本质上是一种分工，马克思通过这段话想要表达的意思是：在共产主义社会，那些导致人们肉体上畸形、精神上贫乏的分工（也就是你所说的工作）都已经彻底消失了，取而代之的是能够自由全面发展自己个性和才能的活动形式。不管是打猎、捕鱼还是畜牧、批判，在前共产主义社会，这些工作都具有十分顽固的狭隘性和片面性。例如打猎侧重于人的体力劳动，重点加强人的肌肉活动能力，却无法兼顾人的精神劳动和精神能力的发展，而批判仅仅是一种脑力劳动，重点改善人的思维能力，却忽视了人的体格能力的发展，更关键的是从事打猎工作的人无法自由地从事批判，而从事批判工作的人也无法自由地从事打猎工作，即使一个猎人不想打猎了，但他自身的主体素质和社会条件都无法支持他去从事批判的理论活动，即使一个哲学家不想批判了，但他的身体素质和社会关系也难以支持他去从事体力性的活动，就像你所说的"通常你不得不做很多你不愿意做的事情"，这正是现代社会的一个写照。

以理服人：大学生关心的马克思主义问题

在《1844年经济学哲学手稿》中，马克思尖锐地批判了分工带给人的限制和束缚："在现代制度下，如果弯腰驼背，四肢畸形，某些肌肉的片面发展和加强等，使你更有生产能力（更有劳动能力），那么你的弯腰驼背，你的四肢畸形，你的片面的肌肉运动，就是一种生产力。如果你精神空虚比你充沛的精神活动更富有生产能力，那么你的精神空虚就是一种生产力，等等。如果一种职业的单调使你更有能力从事这项职业，那么单调就是一种生产力"。① 与此相反的是，在共产主义社会人们可以按照自己的兴趣自由地改变自己所从事的活动——这体现了人的活动的自由性和全面性，并且所有这些活动是人们自由全面发展的条件和体现，而非限制和束缚。不难发现，马克思想要表达的是在共产主义社会，人们打猎也好，批判也好，包括其他的活动形式在内，人们在从事这些活动时已经能够按照自己的意志和兴趣来进行，至于人们具体从事什么活动，我想也一定不会拘泥于打猎、批判这样几种活动，而是实现了活动种类本身的丰富和多样，所以我们要通过马克思的一些带有隐喻性的写作手法，理解马克思所要表达的观点的实质。

接下来的一个问题便是：共产主义社会何以能够支持人们随兴趣而工作呢？恰恰是在这个问题上，很多人认为马克思陷入了空想主义，在他们看来，即使到了共产主义社会，人们也不可能完全随心所欲地按照自己的兴趣来工作，正像你提出的问题：如果任何人都随兴趣来工作，社会岂不是会乱套？而马克思竟然做

---

① 《马克思恩格斯全集》第42卷，北京：人民出版社1979年版，第262页。

出这样违背常识的判断，这只能说明马克思陷入了自己所一贯反对的空想主义。真的是这样吗？答案是否定的。实际上，马克思比任何人都更加鲜明地反对那种脱离现实基础的空想和脱离现实历史过程的想象。正是在《形态》中，马克思认为："共产主义对我们来说不是应当确立的状况，不是现实应当与之相适应的理想。我们所称为共产主义的是那种消灭现存状况的现实的运动。这个运动的条件是由现有的前提产生的。"①"随兴趣而工作"的状态不是"应当确立的状况"，而只不过是现实的历史发展的结果而已，因为从整个人类历史来看，尽管分工造成了极其负面的后果，但分工也发挥着促进生产力发展的巨大历史作用，没有让人讨厌的分工，也不会有现代社会的历史成果。例如你能享受到苹果公司产品带给你的便利，而这些产品的产生和发展本身便是体力劳动和脑力劳动之间、地区之间、国别之间的分工的产物，单靠苹果公司的力量，而不联合其他公司的原材料、设备、人才、营销等各方面条件，想必你是难以用到苹果手机。分工能够推动生产力的发展和社会各方面的进步，或者说分工在导致负面后果的同时也在为共产主义社会的到来准备着客观基础和主观条件。另外，分工在产生这些负面后果的同时，也在产生着消除这些负面后果的条件，这体现了马克思的历史辩证法："辩证法在对现存事物的肯定的理解中同时包含对现存事物的否定的理解，即对现存事物的必然灭亡的理解，辩证法对每一种既成的形式都是从不断的运动中，因而也是从它的暂时性方面去理解。"②

---

① 《马克思恩格斯文集》第1卷，北京：人民出版社2009年版，第539页。
② 《马克思恩格斯文集》第5卷，北京：人民出版社2009年版，第22页。

以理服人：大学生关心的马克思主义问题

　　当然，马克思认为分工只是造就共产主义社会的一个要素，除此之外还有很多其他要素，比如生产力的巨大发展、物质财富的极大涌流等。总之，马克思认为共产主义社会绝不是按照人们的共产主义"理想"进行剪裁的结果，相反，一切关于共产主义的理想只有具备了现实的物质基础、植根于现实的历史过程才有意义。《形态》中的这段话，是马克思在正面的意义上对共产主义社会状态的隐喻性的谈论，这些状态在马克思那里只是"由现有的前提产生的"，而非脱离现实历史的空想产物，而且这段话是马克思对共产主义社会普遍性状态的一个描述，如果我们非要马克思描绘一下共产主义社会中人们是怎样具体地工作的，这些工作又是如何不会导致社会乱套的，我想马克思会批判这一问题，因为具体回答这一问题的条件还不具备，对这一问题任何详细回答都会成为脱离现实历史想象的产物。因此，我们要注意把握这段话所蕴含的观点的实质性内容，而不是具体的语言表述。

马克思追求自由吗?

老师,您在课堂上说过追求人的自由是马克思主义理论的目标,但是我读完马克思的书之后,怎么感觉不到马克思说过自由的问题?怎么通篇都是马克思在批判别人的观点?

追求每个人的自由全面发展是马克思主义理论的最高价值目标,这一点是毫无疑问的,而且它也得到了马克思本人的确认。例如,在1848年由马克思和恩格斯共同撰写的《共产党宣言》中有这样一段经典论述:"代替那存在着阶级和阶级对立的资产阶级旧社会的,将是这样一个联合体,在那里,每个人的自由发展是一切人的自由发展的条件。"[①] 这段话其实就描画了马克思和恩格斯心目中未来理想社会的范型,成为他们两人以及历代马克思主义者构想理想社会的经典性的参照规定。在马克思去世很

---

① 《马克思恩格斯文集》第2卷,北京:人民出版社2009年版,第53页。

以理服人：大学生关心的马克思主义问题

久之后的 1894 年，恩格斯能够找到的用来"概括未来新时代的精神"的论述还是上面这句话。不过，问题的麻烦又在于，马克思在他的全部著作中很少对那个"每个人的自由发展"进行阐述，甚至马克思都极少谈到自由问题，所以你才会感觉不到马克思说过自由的问题。与此同时，你感觉到的很多都是马克思在批判别人的观点，那么一个合乎逻辑的疑问就是：马克思是不是不追求自由呢？

答案是否定的。马克思不仅追求自由，而且还将追求人的自由作为自己全部理论的价值关怀。之所以马克思著作中会出现高度重视自由却极少论述自由的情况，是因为马克思始终秉持着严谨的科学态度，从来不对那些现实中还缺乏回答条件的问题进行回答——像"自由"这种高度理想化的问题就属于这类问题，因为这样的回答只能流于幻想和想象。进一步说，这一情况又是马克思基于对传统自由观的批判立场而做出的自觉选择。马克思反对那种径直地提出理想社会的方法，认为这种方法必然带有空想性质，始终遵循"通过批判旧世界发现新世界"的路径来提出他的理想社会，这就使得他不满足于关于"新世界"之"自由"状态的单纯的静态考察——这直接导致了在马克思文本中关于"自由是什么"的论述极其稀少，而是着重从"批判旧世界"的角度研究人类实现自由的历史过程和历史条件——这在马克思文本中表现为以"自由如何实现"为主题的丰富的自由论述。换句话说，马克思根本性地改变了自由问题的提问方式，将"自由是什么"的目标性问题、价值性问题落实为"自由如何实现"的历史性问题、科学性问题进行理解和加以解决。所以，当你在阅读马克思著作时,表面看来马克思没有直接谈到自由问题,甚至连"自由"这个概念都没提到,但是这些论述不正是针对着"自由实现"问题而谈的吗?他批判他人的观点正是要为人的自由的真正实现扫清理论上的重重障碍。他谈论资本问题、商品问题、革命问题等一系列问题正是要解决人们实现自由过程中必然面对的那些问题。在这种意义上,虽然马克思极少谈论自由,但是实际上他的每句话无不是在谈论自由。为了帮助你理解马克思这种谈论自由的独特方式,让我多费一些笔墨,从传统西方哲学家和马克思谈论自由方式的对比来体会马克思的独特之处。

在传统西方哲学史上,哲学家们谈论过多种含义的自由。按照中国学者编写的一本书的介绍,大体说来有这样四种含义的自由。第一种是"唯理智论的自由观",强调人的理智是唯一的自由因,自由就是人在理智的指导下,克制肉欲,择善而从。这一自由观成为后来西方积极自由观的最初来源。第二种是"自愿行动论的自由观",认为自由是人对来自外部的障碍或强迫的摆脱,从而人能够按照自己的意愿采取行动或不行动。这一自由观的基本义理后来演变为现代西方哲学史上的消极自由观传统。第三种是"决定论的自由观",是在人与必然性的关系问题上来理解自由,强调外部必然性、"命运"对人的支配、决定作用。第四种是"非决定论的自由观",仍然是在人与必然性的关系上来理解自由,不过它的结论与第三种正好相反,强调人如何可以超越必然而进行自由选择。[①] 上述四种自由观是古希腊人的自由观,但

---

① 参见李德顺、孙伟平、赵剑英等:《马克思主义哲学范畴研究》,北京:中国社会科学出版社2010年版,第468页。

是它们基本上可以涵盖或引申出古往今来的自由观。比如,今天一些同学认为自由就是不受外在约束,按照自己的想法来做事情,实际上这种自由观就是在上述第二种自由观的基础上发展起来的。这四种自由观有一个共同特点,即它们都是关于"自由是什么"的直接回答。让我们再来想一下,如果我们知道了"自由是什么",那么自由就能够实现吗?肯定不是。对于现实的人来说,真正重要的是自由正在逐步地实现,而不是知道自由是什么。所以,真正重要的问题是找到自由实现的道路和方式,而不是知道"自由是什么"。当然,知道"自由是什么"这一点并非不重要,但是如果把主要精力放在"自由是什么"这一问题上,那么理论就会忘记自己真正重要的任务。很不幸的是,传统西方哲学就是这样一种理论。就此而言,马克思认为如果纠缠于"自由是什么"一类问题——这类问题是不可能以理论的方式彻底谈清楚的,理论就会陷入神秘主义的陷阱当中,这对于人们的实践活动不仅无利,而且有害。因此,马克思提出要把自由问题看做是革命的实践活动,只有从实践的角度才能找到破解自由问题的钥匙。

那么,实践的角度是一个什么样的角度呢?简要来说,所谓实践就是"改变世界"的意思,从实践的角度理解自由就是指从改变世界的角度来理解自由。我在课堂上反复向同学们讲过一个观点,即马克思全部理论的根本使命就是"改变世界"[1],或者说"使现存世界革命化,实际地反对并改变现存的事物"[2]。

---

[1] 《马克思恩格斯文集》第1卷,北京:人民出版社2009年版,第502页。
[2] 《马克思恩格斯文集》第1卷,北京:人民出版社2009年版,第527页。

第五章 共产主义社会还有没有矛盾

马克思不是一个致力于探讨纯粹思维、"离开实践的思维"的经院哲学家，而是一个以无产阶级和全人类解放和自由为己任的革命家。"因为马克思首先是一个革命家"，所以他对自由问题的理解就绝不是理论式的、学院哲学式的，这导致马克思不可能对纯粹目标意义上的自由——包括自由的结构、特征、功能等问题——发生充分兴趣。这种自由无论阐述得多么"详尽"、"具体"和"全面"，对现实世界的改变不会发生多大作用，或者问题不在于改变世界，从而最终都流于一种"解释世界"的方式。例如，马克思对于青年黑格尔派那些"震撼世界的"词句根本不予重视，因为这些都是在纯粹的思想领域中发生的，这些哲学叫卖不仅是它的回答，而且连它所提出的问题本身，都包含着神秘主义。"这些哲学家没有一个想到要提出关于德国哲学和德国现实之间的联系问题，关于他们所作的批判和他们自身的物质环境之间的联系问题。"[①] 落实到自由问题上，马克思不关心未来的自由是怎样的，从来不花费过多的笔墨来描绘抽象的自由，而是关心自由的阐述与现实的人及其环境之间的联系问题，关心现实的人为什么会不自由以及怎样才能实现自由，即自由如何实现。因此，马克思对于那些纠缠于"自由是什么"的阐述，不仅不予认同，而且首先认为是没有意义的。对于这些阐述，确实像你提到的那样，马克思毫不留情地给予了批判，他的批判主要是从两方面展开的。

首先，马克思批判了从自由的对立面来阐发自由的方法。马

[①]《马克思恩格斯文集》第1卷，北京：人民出版社2009年版，第516页。

以理服人：大学生关心的马克思主义问题

克思在青年时期曾经说过这样一句话："新思潮的优点又恰恰在于我们不想教条地预期未来，而只是想通过批判旧世界发现新世界。"① 实际上，任何对自由的预测，都不能不源出于对现实问题的感受和观点，都不能不来自现实世界的触动和诱发。就此而言，马克思所批评的那些思想家也都是采用"通过批判旧世界发现新世界"的方式。然而，决定着马克思和以往思想家发现自由的方式产生质的区别的关键在于：前者是一种科学批判以及以此为基础的价值批判，后者却是一种悬隔了科学批判的价值批判。按照马克思的观点，对于自由问题的阐发一定要建立在对人类社会客观规律和资本主义社会客观规律的坚实把握这一基础之上，如果不以历史的事实和客观的逻辑为依据，不研究现实的运动和规律，或者只是停留在现实的现象上，那么关于自由的任何美妙阐述，都会变得没有意义。这就要求要把自由的价值目标落实到现实社会的科学批判基础之上，通过科学批判引申出价值批判的结论。以往的思想家——比如圣西门、傅立叶、欧文等人，之所以做出了许多关于自由社会的天才设想却找不到实现这些自由设想的道路，重要原因便是他们只是简单地从自由的对立面来表达对自由的热切渴望，只是将资本主义社会的现实苦难和弊端倒转过来，然后作为自由的状态加以理解和阐述，他们自始至终不理解导致自由无法实现的障碍及其背后的机制是什么，不理解资本主义的不自由被未来社会的自由取代的历史必然性及其依据是什么，这使得他们提出来的自由的价值目标仅仅是表达了他们自己

---

① 《马克思恩格斯文集》第10卷，北京：人民出版社2009年版，第7页。

的自由意向,却丝毫发挥不出对于现实运动的指导作用。在马克思看来,自由研究的第一步应当是科学批判,第二步才是价值批判,而且价值批判一定要从科学批判中引申出来。马克思确实这样做了,只不过让他没有充分预料的是,关于自由的科学批判几乎占据了他一生的所有精力,直到他去世也仍然没有完成自由的科学批判事业,这其实反映了科学批判的艰巨性和长期性。

其次,马克思批判了从纯粹理想的层面来阐发自由的方法。所谓纯粹理想,是指将一个事物在现实中遇到的问题和矛盾全部撇除,从而得出一种永恒不变的理想化的事物。用马克思的话来说:"在理论上把现实中随时都要遇到的矛盾撇开不管并不困难。那样一来,这种理论就会变成理想化的现实。"[1] 按照这种方法,本真的自由表述必须要抛开各个时代的社会、经济、政治、文化等因素的干扰才能呈现出来,否则自由表述一定是受到"污染"的。然而,不受任何经验和实证因素"污染"的自由表述,正是因其漠视了现实的社会关系和历史条件,所以才享有了形式上的所谓普遍适用性,反过来说,在内容上注定具有一种普遍的不适用性。在一切条件下都适用的自由表述,在任何具体的条件下都将变得软弱无力,尤其是对于以"改变世界"为指向的马克思理论来说,抽象的自由表述不仅毫无用处,而且对于无产阶级的解放事业更是有百害而无一利。例如,针对有人提出的在革命成功后应采取什么措施的问题,马克思尖锐地指出,问题"提得不正确"。"现在提出这个问题是不着边际的,因而这实际上是

---

[1]《马克思恩格斯文集》第1卷,北京:人民出版社2009年版,第616页。

以理服人：大学生关心的马克思主义问题

一个幻想的问题，对这个问题的唯一的答复应当是对问题本身的批判，"① 因为"在将来某个特定的时刻应该做些什么，应该马上做些什么，这当然完全取决于人们将不得不在其中活动的那个既定的历史环境"②。恩格斯也明确表示过："无论如何，共产主义社会中的人们自己会决定，是否应当为此采取某种措施，在什么时候，用什么办法，以及究竟是什么样的措施。我不认为自己有向他们提出这方面的建议和劝导的使命。那些人无论如何也会和我们一样聪明。"③ 按照马克思的逻辑，科学地阐述未来社会的自由绝不是现在的人们能够做到的，即使这样做了，也必然是越俎代庖、漏洞百出，得出的观点必然具有幻想性质。因此，马克思坚决批判那种从纯粹理想层面来阐发自由的方法。

关于马克思的自由观问题我已经谈了很多，这些对像你一样的理工科学生来说，理解起来也许有一些困难，但是你只要有阅读马克思著作的兴趣，并且坚持下去，相信你能够慢慢地体会到马克思论述自由的独特方式。老子说过："道可道，非常道。"也许自由就是那种用语言无法表达的"道"，能够表达出来的"自由"实际上并不是"自由"，"自由"只能在实践中去追求。

---

① 《马克思恩格斯文集》第10卷，北京：人民出版社2009年版，第458页。
② 《马克思恩格斯文集》第10卷，北京：人民出版社2009年版，第458页。
③ 《马克思恩格斯文集》第10卷，北京：人民出版社2009年版，第456页。

马克思是怎样认识自由的？

通过阅读教材，我知道追求每个人的自由全面发展是马克思主义理论的终极目标，但是我在读马克思原著的时候，感觉马克思论述自由的时候好少啊，是不是我的阅读范围还很少，还没有读到马克思的其他著作，还是马克思自己就很少说自由问题？如果马克思自己就很少说自由问题，那么凭什么说追求每个人的自由全面发展是马克思理论的目标呢？希望老师给解释一下。

同学，如果你的阅读范围更大一些，你会发现马克思关于自由的论述少得可怜，也许会超出你的想象。因为我们通常都认为追求人的自由全面发展是马克思主义理论的价值目标，似乎这一点意味着马克思有很多自由的论述，但是当你真正阅读马克思的著作时，就会发现真实情况根本不是这样。那么，凭什么在马克思极少论述自由的情况下，还把追求自由作为马克思主义理论的价值目标呢？这就涉及了马克思认识自由问题的独特方式。

以理服人：大学生关心的马克思主义问题

在通常情况下，当人们一谈论自由问题时，首先想要解决的就是"自由是什么"的问题，因为我们总会认为，连"自由是什么"还不知道，那么自由的其他问题就更别提了。所以，在历史上和在今天的社会上，很多人谈论自由必先提出关于"自由是什么"的见解，然后再谈"为什么自由是这样"以及"怎样实现这样的自由"。不难发现，这种思路实际上就是"是什么""为什么"和"怎么样"的连贯逻辑，其实也是我们在谈论很多其他问题时的逻辑。需要注意的是，自由问题和其他问题，如教育问题、文化问题、政治问题等，有一个至关重要的差别，就是自由问题始终是一个理想性、非现实性的问题，自由始终处在非现实的、目标性的状态，而其他问题或多或少都是一些经验性、现实性的问题，都是我们可以在当下直接感受或认知的问题。由于这样一个差别，我们在谈论它们时就产生了一个效果，即对于那些经验性、现实性的问题，当然应当首先界定它们"是什么"，然后讨论"为什么是这样"，最后再提出对策、建议等"怎样做"之类的问题，但是对于自由问题来说，情形就完全不一样了。因为"人的自由""人的自由全面发展"在当下时刻根本没有对应的原型，也许我们能找到一些当今社会所谓的"全面发展"的"全才"，但是这些人的所谓"发展"还根本达不到"自由""全面"的水平，距离马克思所设想的"人的自由全面发展"还差得远，所以关于人的自由这一点，我们根本就无法给出一个合理的定义，即使给出了，多半也是想象出来的，是把我们今天的人的一些自由特征加以理想化，然后综合在一起得出来的。这种自由定义因为是以现在的人为参照，所以我认为它并不能反映出真正的自由状态。总之,自由之外的其他问题还可以适用"是什么""为什么"和"怎么样"的论述逻辑(当然,这一点也需要具体情况具体分析),但是自由问题不能适用这个逻辑,尤其是不能适用"是什么"的逻辑。

那么,自由问题是不是不能谈论了呢?当然不是,以上我想要表达的意思是不能把主要精力放在"自由是什么"的问题上——因为这样做只是关心人的存在的概念化状态,而根本不关心现实的人是否自由、什么因素导致自由无法实现。然而,人们又无时无刻不在追求着自由,因此重要的问题便是现实的人如何实现自由,即"自由如何实现"。在我看来,这个问题才是马克思终其一生思考的大问题。如果你从"自由如何实现"的角度重新阅读一下马克思著作,就会发现马克思并不是极少谈论自由,而是始终在谈论自由,只不过马克思谈论的不是"是什么"意义上的自由,而是"怎样做"意义上的自由。关于这种意义上的自由,请让我多费些口舌来做一些说明。

在我看来,马克思认为自由的实现至少要具备三个条件。一是高度发达的社会生产力和充分涌流的集体财富。在《共产党宣言》中马克思就充分肯定了资本主义在促进生产力迅速发展方面的成就,并认为资本主义所持续创造的巨大生产力将为个人的自由发展的实现奠定物质基础。在《哥达纲领批判》中,马克思进一步指出,只有"随着个人的全面发展,他们的生产力也增长起来,而集体财富的一切源泉都充分涌流之后"[①],个人的自由

---

① 《马克思恩格斯文集》第3卷,北京:人民出版社2009年版,第436页。

以理服人：大学生关心的马克思主义问题

才能真实地实现。二是旧式分工彻底退出历史舞台。只要社会分工还保持着奴役人、压迫人的性质，还不是由人们自己支配和掌握的自觉分工，那么人的自由就只是一句空话，因此"迫使个人奴隶般地服从分工的情形"彻底消失，才能为人的自由的实现廓清障碍。三是"真正的共同体"取代"虚假的共同体"。自由的实现离不开"真正的共同体"，"真正的共同体"是这样一种联合："这种联合把个人的自由发展和运动的条件置于他们的控制之下。"① 因此"真正的共同体"通过个人间的联合来控制个人自由实现的条件，从而确保个人的自由，而在"虚假的共同体"中，"个人的自由发展和运动的条件"是受偶然性支配的，这样就无法确保个人的自由。

除了上述三方面条件，马克思还着重阐述了自由的一个重要条件，即时间。像我们经常说的"时间就是金钱""与时间赛跑"一类口号，其实就隐晦地表达出了时间对于自由的重要意义。因为我们的教科书对于时间谈论得很少，我倒是想重点谈一下时间对于自由的重要意义。关于这一点，马克思在《1861—1863年经济学手稿》中曾经说过："时间实际上是人的积极存在，它不仅是人的生命的尺度，而且是人的发展的空间。"② 我们就以这三个命题为中心展开讨论。

首先是第一个命题："时间实际上是人的积极存在"。在马克思之前，对时间的主流理解方式是将其看作一种与外部事物和人没有关系的、独立的客观存在，时间均匀流逝、无始无终，不

---

① 《马克思恩格斯文集》第1卷，北京：人民出版社2009年版，第573页。
② 《马克思恩格斯全集》第47卷，北京：人民出版社1979年版，第532页。

依赖具体事物而自身始终运动着。在马克思刚刚登上欧洲学术舞台之时,即在他的博士论文中,就与这种时间理解方式保持着距离。他认为,人的感性是客体显现出来的中介,"自然在听觉中听到了它自己,在嗅觉中嗅到了它自己,在视觉中看见了它自己。所以人的感性就是一个媒介,通过这个媒介,犹如通过一个焦点,自然的种种过程得到反映,燃烧起来照亮了现象界。"① 按照这种感性论观点,时间问题的本质无非也是人的感性问题,即人的问题。"因此人的感性就是形体化了的时间,就是感性世界自身的存在着的反映。"② 不难发现,马克思对时间问题的最初思考就是一种主体化的理解思路,这已经预示着马克思将会从人的角度和实践的角度来阐述时间问题。在《关于费尔巴哈的提纲》一文中,马克思对传统哲学理解事物的基本方式提出了一条总纲式的异议:"从前的一切唯物主义(包括费尔巴哈的唯物主义)的主要缺点是:对对象、现实、感性,只是从客体的或者直观的形式去理解,而不是把它们当做感性的人的活动,当做实践去理解,不是从主体方面去理解。因此,和唯物主义相反,唯心主义却把能动的方面抽象地发展了,当然,唯心主义是不知道现实的、感性的活动本身的。"③ 我们认为,这一条意见完全适用于传统哲学的时间理解,也再合适不过地批判了传统哲学的时间理解。在马克思之前,要么是旧唯物主义把时间直观地理解为客观的实体,要么是唯心主义把时间抽象地理解为认识的形式,总

---

① 《马克思恩格斯全集》第40卷,北京:人民出版社1982年版,第232页。
② 《马克思恩格斯全集》第40卷,北京:人民出版社1982年版,第232页。
③ 《马克思恩格斯文集》第1卷,北京:人民出版社2009年版,第499页。

之，它们都没有把时间问题置于人的实践活动之中，从人的实践这一根本性视域来考察时间问题。而马克思意识到传统哲学的这一弊病，从而才能另辟蹊径，从时间得以呈现的真实基础，即实践之上来破解时间的秘密。由此在本质维度上，时间问题实际就是人的实践问题。时间作为人的积极存在，是通过实践作为人的积极存在而获得自身的现实性。由于时间只是人的实践的形式，而形式必须要依靠内容来发动和充实，因此时间作为人的积极存在，其获得现实性的力量来源只能是这种形式之下的内容，即人的实践。正是实践使得人的活动具有了时间性的特质，使得时间具有了能动性和主体性，从而使得时间成为人的积极存在。可以说，时间是通过成为人的实践的形式从而才能成为人的积极存在，时间在本质上与人的实践具有一致性，这就为时间成为"人的生命的尺度"和人的自由的条件奠定了前提。

其次是第二个命题：时间是"人的生命的尺度"。在《1844年经济学哲学手稿》中，马克思提出，人能够按照"种的尺度"和"人的尺度"的统一创造对象世界。"种的尺度"是单一、狭隘的尺度，意识不到在这个"种的尺度"之外还有其他多个"种的尺度"，更是无法按照这些"种的尺度"来改造自然界。比如，"动物为自己营造巢穴或住所，如蜜蜂、海狸、蚂蚁等。但是，动物只生产自己或它的幼仔所直接需要的东西"[①]，因此"动物的生产是片面的"[②]，"动物只是按照它所属的那个种的尺

---

① 《马克思恩格斯文集》第1卷，北京：人民出版社2009年版，第162页。
② 《马克思恩格斯文集》第1卷，北京：人民出版社2009年版，第162页。

度和需要来构造"①。而"人的尺度"超越了单一"种的尺度"的局限,不仅能够按照任何"种的尺度"来构造,而且可以按照内在的需要和愿望来改造对象,从而体现出一种自由特征。比如,"人的生产是全面的"②,"人甚至不受肉体需要的影响也进行生产,并且只有不受这种需要的影响才进行真正的生产"③,人"懂得按照任何一个种的尺度来进行生产,并且懂得处处都把固有的尺度运用于对象;因此,人也按照美的规律来构造"④。人按照"种的尺度"和"人的尺度"来创造对象的活动,都是在时间历程中实现的,因此通过时间可以测绘出人在多大程度上将上述两种尺度统一起来,这表明时间直接地成为"人的生命的尺度"。时间是"人的生命的尺度",表现为人的自由价值的生成。人的自由价值实质上就是马克思说的人作为类存在的价值。由于人具有有意识的生命活动,能够使自己的生命活动成为自己意识的对象,所以人才是类存在物。所谓类存在物,是指能够在类的高度和境界上对待自己活动的存在物。就此而言,动物远远达不到类存在物的水平,因为动物的本质就是它们本能的生命活动,它们一旦获得生命活动,也就直接实现了其动物本质,而人能够在自己本能生命基础上发展出有意识的生命活动,因此只有人才是类存在物。类作为人之为人的特殊规定性,反映了人的生成性、自由性。马克思有一句话直指人的类存在的自由特性:

---

① 《马克思恩格斯文集》第1卷,北京:人民出版社2009年版,第163页。
② 《马克思恩格斯文集》第1卷,北京:人民出版社2009年版,第162页。
③ 《马克思恩格斯文集》第1卷,北京:人民出版社2009年版,第162页。
④ 《马克思恩格斯文集》第1卷,北京:人民出版社2009年版,第163页。

"自由的有意识的活动恰恰就是人的类特性。"[①]

最后是第三个命题：时间是"人的发展的空间"。这一命题意味着时间可以转化为空间。由于时间就是人的实践的形式，因此随着人类实践活动的进行，必然带来人的发展空间的扩大，从而也就带来人的自由价值的实现。在人类历史进程中，要取得哪怕是一丁点的自由，也要经历时间的洗礼，因此能否节约从事必需活动的时间从而带来足够多的用于自由发展的时间，便直接地关系到人的自由的实现，这被马克思概括为"时间节约"的规律。"正像在单个人的场合一样，社会发展、社会享用和社会活动的全面性，都取决于时间的节省。一切节约归根到底都归结为时间的节约。正像单个人必须正确地分配自己的时间，才能以适当的比例获得知识或满足对他的活动所提出的各种要求一样，社会必须合乎目的地分配自己的时间，才能实现符合社会全部需要的生产。因此，时间的节约，以及劳动时间在不同的生产部门之间有计划的分配，在共同生产的基础上仍然是首要的经济规律，这甚至在更加高得多的程度上成为规律。"[②] 在个体生命时间的有限限定之下，不同活动的时间分配比例对于人的发展具有重要的意义。例如，人们每日从事于生存资料生产的时间过多，那么留给自己的用于发展和享受的时间必然就会减少，这样人的自由的程度也会相应降低；反之，人们从事于生存资料生产的时间越少，那么用于发展和享受的时间就会比较充裕，这样人的自由就会充分地实现，因此"时间的节约"对于人的自由来说具有关

[①] 《马克思恩格斯文集》第1卷，北京：人民出版社2009年版，第162页。
[②] 《马克思恩格斯文集》第8卷，北京：人民出版社2009年版，第67页。

键性意义。而且，马克思强调不仅在经济生活中时间节约是"首要"的规律，而且在"更加高得多的程度上"时间节约仍然是规律。在我看来，比经济生活"更加高得多的程度"的领域只能是人的自由领域，因此节约时间，便成为人的自由的规律。

以上就是我认为的马克思论述自由问题的逻辑。可以看出，如果从"自由是什么"的逻辑来寻找马克思的自由论述，那么我们能找到的很少，但是只要转换角度，从"自由如何实现"的逻辑来寻找，那么马克思的自由论述是极为丰富的。因此我们可以说，马克思的自由观是人类自由追求史上的一场伟大的变革。

共产主义一定要扬弃私有财产吗？

马克思在《1844年经济学哲学手稿》中写道："要扬弃私有财产的思想，有思想上的共产主义就完全够了。而要扬弃现实的私有财产，则必须有现实的共产主义行动。"我的疑问是，实现共产主义是否一定要经历私有财产的扬弃过程，使各种财富人人平均分配，没有贫富差距，从而达到真正的共产主义？

在回答你的问题之前，先纠正一下你的问题当中的一个说法。实现共产主义并不意味着"财富人人平均分配"。财富的平均分配是平均主义的大锅饭，是不患寡而患不均的传统观点的体现形式。就理论逻辑而言，平均主义以每个人的需要种类、需要程度、需要的满足方式绝对一致为前提，所以才主张以绝对平均的方式去满足每个人，然而在现实社会中，每个人的需要能一样吗？我想肯定不能，平均主义在逻辑上是行不通的。就理论的历史发展而言，平均主义是原始、粗糙的共产主义（这种共产主义恰恰是马克思所反对的），因为它来源于"对较富裕的私有财产怀有忌妒心和平均主义欲望"①，它对于能够被所有人作为私有财产占有的一切（如物质财富）主张以平均主义方式进行分配，对于不能够被所有人作为私有财产占有的一切（如才能、想象力、素质）竟然主张都统统消灭。可见，平均主义是反动的、反文明的一种思想意识，它和马克思所主张的共产主义没有丝毫关系。

然后再回到你的问题上来：实现共产主义是否一定要经历私有财产的扬弃过程？这里面涉及两个问题，一是私有财产的概念，二是共产主义与私有财产的关系。迄今为止，流行意义上的财产概念从来都是被作为私有财产来对待的，比如"私有财产神圣不可侵犯"，比如人们总是关心自己的私有财产的保护和增值。马克思在《1844年经济学哲学手稿》中这样阐述共产主义："共产主义是私有财产即人的自我异化的积极的扬弃，因而是通过人并且为了人而对人的本质的真正占有。"② 这里的私有财产应当做两种理解：一种是理解为归属于私人的财产，这是物的意义上的私有财产；另一种是理解为对财产的排他性的占有制度，这是制度意义上的私有财产。不难发现，物的意义的私有财产和制度意义的私有财产是紧密结合、不可分割的，前者是后者的物质载体，后者是前者的制度形态，两者共同构成了私有财产的内涵。接下来是共产主义与私有财产的关系。马克思说得很明确，共产主义是私有财产的积极扬弃，即共产主义是以扬弃的关系来

---

① 〔德〕马克思：《1844年经济学哲学手稿》，北京：人民出版社2000年版，第79页。
② 〔德〕马克思：《1844年经济学哲学手稿》，北京：人民出版社2000年版，第81页。

对待私有财产。具体来说,共产主义保留了私有财产中的物质财富内涵,放弃了私有财产中的私人占有制度,发扬出私有财产中所不具有的共同占有制度,合起来便是以共同占有的方式对待大量涌现的物质财富,这就是共产主义对待私有财产的扬弃方式。

那么,在共产主义社会是否还存在归属个人所有的财产?从人们生活的自然必然性角度来看,共产主义社会应当还存在个人意义上的财产,但是这种个人财产已经不再是前共产主义社会的那种用于支配和剥削他人的私有财产,而是依据劳动时间在共同产品中来计量个人消费部分的所占份额的外在体现,用马克思的话来说就是:"劳动时间的社会的有计划的分配,调节着各种劳动职能同各种需要的适当的比例。另一方面,劳动时间又是计量生产者在共同劳动中个人所占份额的尺度,因而也是计量生产者在共同产品的个人可消费部分中所占份额的尺度。"① 进而言之,共产主义社会的个人财产不是私有财产,更不是重新建立私有制,而是重新建立个人所有制,即"在协作和对土地及靠劳动本身生产的生产资料的共同占有的基础上,重新建立个人所有制"②。这里的"个人所有制",我理解应当是"真正人的财产"。尽管历史的发展进程还没有创造出理解"真正人的财产"的现实基础,但是我们可以参照私有财产来理解"真正人的财产"。私有财产意味着自我对于财产的排他性占有,占有财产当然是人们满足需要、实现欲望、表现力量(这些都是人的本质的体现形式)所必需的事情,"他的欲望的对象是作为不依赖于他的对象

---

① 《马克思恩格斯文集》第5卷,北京:人民出版社2009年版,第96页。
② 《马克思恩格斯文集》第5卷,北京:人民出版社2009年版,第874页。

而在他之外存在着的；但是，这些对象是他的需要的对象；是表现和证实他的本质力量所不可缺少的、重要的对象"①，因此只有一个人排他性地占有某个对象时，他才现实地占有某个对象，这个对象也就成为他的私有财产。尽管私有财产对于人的需要和力量的实现具有重要意义，但是人的需要和力量具有潜在的丰富性和完满性，它们内在地需要极其丰富和完满的财产提供支持和对应，这就远远地超过了一个人的私有财产能够支持和对应的最大限度。在这种意义上，私有财产无法支持人的需要和力量的实现，而能够支持这一点实现的只有"真正人的财产"。

真正人的财产首先是保留了私有财产对于人的本质的实现的所有重要意义。其次它又克服了私有财产的排他属性，即变私有财产为社会化的财产，变个人独享的财产为全体社会成员共同占有、自觉支配的财产。当财产由个人的私有财产转变为社会全体成员创造的财产时，每个人从表面上来看没有私有财产了，私有财产被剥夺了，但从内容上来看却拥有了社会全体成员的巨大财产，这远比私有财产丰富得多、完满得多，同时就为人的需要和力量的实现提供了最大限度的支持和对应。再次，真正人的财产是以真正人的方式加以占有的财产，关于什么是"真正人的方式"，马克思做出过一个精彩的比喻："眼睛成为人的眼睛，正像眼睛的对象成为社会的、人的、由人并为了人创造出来的对象一样。"② 一个对象之所以能够成为我的对象以及在多大程度成为我的对象，是以我的感觉所能感知的程度为限，比如我能听懂

---

① 〔德〕马克思：《1844年经济学哲学手稿》，北京：人民出版社2000年版，第105页。
② 〔德〕马克思：《1844年经济学哲学手稿》，北京：人民出版社2000年版，第86页。

多少英语,是以我的英语听力程度为前提的,超出了我的英语听力程度的英语,对我来所无非是一个无。就此而言,真正人的财产绝不仅仅是外在于我的对象,而是内在于我的对象,是我的内在的财富,是一种"成为他自身"的财产,而这种财产绝不会被人们仅仅当成是一种私人性和有用性来对待,即"需要和享受失去了自己的利己主义性质,而自然界失去了自己的纯粹的有用性"①。

综上所述,私有财产和真正人的财产对于人的本质的实现具有完全不同的意义,而人的本质的实现不过就是共产主义的另一种表达方式。因此要实现共产主义,必然伴随着私有财产向真正人的财产的转变,即私有财产的扬弃。

---

① 〔德〕马克思:《1844年经济学哲学手稿》,北京:人民出版社2000年版,第86页。

是否会有一个新的社会形态优于共产主义社会?

《中国共产党党章》总纲上有这样一句话:党的最高理想和最终目标是实现共产主义。不过马克思在《1844年经济学哲学手稿》(以下简称《手稿》)中说过:共产主义社会不是人类社会的终极社会形态,当达到共产主义社会时,会有另一种新的社会形态取代它。既然如此,那么中国共产党将党的最高理想和最终目标定位在了实现共产主义,两者是否矛盾?是否会有一个新的社会形态优于共产主义社会?

你提到的那句话,在《1844年经济学哲学手稿》中的原文是这样的:"共产主义是最近将来的必然的形式和有效的原则。但是,共产主义本身并不是人的发展的目标,并不是人的社会的形式。"①

---

① 〔德〕马克思:《1844年经济学哲学手稿》,北京:人民出版社2000年版,第93页。

以理服人：大学生关心的马克思主义问题

对于这句话，也可以理解为共产主义社会不是人类社会的终极形态，即使实现了共产主义，也还会有新的社会形态取代它，从而共产主义成为向更高级社会形态过渡的中间环节。这一论断与我们关于共产主义的通常认识很不相同，正像《中国共产党党章》所表述的，人们一般都把未来的理想社会定位于共产主义社会，共产主义社会是我们能够预见的最完美、最美好的社会，而马克思为什么会认为"共产主义本身并不是人的发展的目标"呢？这需要结合《手稿》时期马克思的思想特点来谈。

从马克思思想的发展历程来看，《手稿》时期的马克思正处于思想急剧转变的过程中，很多观点刚刚提出，然而仅仅几个月后又被马克思自己所批判。例如在1844年秋天的时候，马克思还对费尔巴哈做出了很高的评价："费尔巴哈的著作越不被宣扬，这些著作的影响就越扎实、深刻、广泛和持久；费尔巴哈著作是继黑格尔的《现象学》和《逻辑学》之后包含着真正理论革命的惟一著作。"① 但是到了1845年的春天，费尔巴哈就变成了马克思的主要的批判对象："从前的一切唯物主义（包括费尔巴哈的唯物主义）的主要缺点是：对对象、现实、感性，只是从客体的或者直观的形式去理解，而不是把他们当作感性的人的活动，当作实践去理解，不是从主体方面去理解。……费尔巴哈想要研究跟思想客体确实不同的感性客体，但是他没有把人的活动本身理解为对象性的活动。因此，他在《基督教的本质》中仅仅把理论的活动看做是真正人的活动，而对于实践则只是从它的卑污

---

① 〔德〕马克思：《1844年经济学哲学手稿》，北京：人民出版社2000年版，第4页。

的犹太人的表现形式去理解和确定。所以,他不了解'革命的'、'实践批判的'活动的意义。"① 除了对费尔巴哈哲学的看法发生根本性转变之外,马克思关于众多问题的观点都发生了重大变化,其中就包括共产主义观。

共产主义是《手稿》时期马克思研究的主要问题之一,马克思从人的本质角度既对共产主义做出了肯定性评价:"共产主义是私有财产即人的自我异化的积极的扬弃,因而是通过人并且为了人而对人的本质的真正占有。"② 同时也指出了共产主义的局限:"但是,共产主义本身并不是人的发展的目标,并不是人的社会的形式。"③ 不难发现,此时马克思还没有将人类社会的理想状态定位于共产主义社会,而是认为共产主义社会仍然是一个不完美的社会,是通向真正的人类社会的中介。那么,马克思为什么会这样认为呢?《手稿》中有一句话做出了提示:"共产主义是作为否定的否定的肯定,因此,它是人的解放和复原的一个现实的、对下一段历史发展来说是必然的环节。"④ 相比于成熟时期马克思从对资本主义经济批判中提出共产主义理论的做法,此时马克思关于共产主义的认识还没有达到科学的理解水平,因为他仍然在借助于黑格尔的"正反合"模式去推论共产主义,把共产主义当成是"否定的否定"之理论原则的现实对应物。

---

① 《马克思恩格斯文集》第1卷,北京:人民出版社2009年版,第499页。
② 〔德〕马克思:《1844年经济学哲学手稿》,北京:人民出版社2000年版,第81页。
③ 〔德〕马克思:《1844年经济学哲学手稿》,北京:人民出版社2000年版,第93页。
④ 〔德〕马克思:《1844年经济学哲学手稿》,北京:人民出版社2000年版,第93页。

以理服人：大学生关心的马克思主义问题

按照《手稿》时期马克思的逻辑，人的发展必然经历"人的本质的占有——人的本质的丧失（自我异化）——人的本质的复归"三个历史阶段，私有制社会是人的本质丧失阶段，它表现为对"人的本质的占有"的否定，共产主义社会是人的本质丧失的积极扬弃阶段，它表现为对"人的本质的丧失"的否定，从整个过程来看，共产主义社会就表现为"作为否定的否定的肯定"。共产主义社会虽然扬弃了人的自我异化，但还不是真正的"人的社会"，只是实现真正的"人的社会"必然经历的环节。可惜的是，《手稿》有一部分丢失了，关于"人的社会"到底是什么样的社会，我们已经不得而知。尽管如此，马克思在这里阐述共产主义社会的逻辑仍然是清晰的，这是一种把理论"当作现成的公式，按照它来剪裁各种历史事实"的先验做法，由此说明此时的马克思仍然没有走出黑格尔哲学的阴影，还处在发现新世界观和创立自己理论的思想转变、艰难探索时期。正像恩格斯在《反杜林论》中提出的："思维永远不能从自身中，而只能从外部世界中汲取和引出这些形式。这样一来，全部关系都颠倒了：原则不是研究的出发点，而是它的最终结果；这些原则不是被应用于自然界和人类历史，而是从它们中抽象出来的；不是自然界和人类去适应原则，而是原则只有在符合自然界和历史的情况下才是正确的。"[1] 也许马克思意识到自己是以先验的方法考察共产主义，所以在以后的研究工作中，马克思放弃了以上对于共产主义的看法，开始深入到资本主义经济关系内部，通过政治经济

---

[1] 《马克思恩格斯文集》第9卷，北京：人民出版社2009年版，第38页。

学研究来提出自己的共产主义理论,这就是我们大家比较熟悉的作为未来理想社会的共产主义了。

实际上,到底应该把"最高理想和最终目标"定位于共产主义社会,还是定位于"人的社会",或者其他什么社会,表面看来是一个词语的差别,实质则是如何研究人类社会发展规律、如何"在符合自然界和历史的情况下"抽象出正确原则和科学理论的问题。马克思主义认为不应当从原则出发,不应当以抽象概念代替具体事物,而应从现实出发,以顽强的事实作为根据,在不脱离历史条件的基础上具体分析具体的情况。如果我们明白了这一点,那么就不会纠缠于"是否会有一个新的社会形态优于共产主义社会"之类的问题,因为这些问题本身便蕴含着让"自然界和人类去适应原则"的先验要求,这些问题得以回答的历史条件也还不具备。马克思在1881年面对一些人提出的如何具体实施共产主义的问题,就着重分析了问题的非科学性:这个问题"在我看来是提得不正确的。在将来某个特定的时刻应该做些什么,应该马上做些什么,这当然完全取决于人们将不得不在其中活动的那个特定的历史环境。但是,现在提出这个问题是虚无缥缈的,因而实际上是一个幻想的问题,对这个问题的唯一的答复应当是对问题本身的批判"[①]。不是所有的问题都是有意义的,我们应当去回答已经具备回答条件的问题,请仔细思考。

[①] 《马克思恩格斯全集》第35卷,北京:人民出版社1971年版,第154页。

人的自由发展需要经历多久才能实现?

《共产党宣言》中写道:"代替那存在着阶级和阶级对立的资产阶级旧社会的,将是这样一个联合体,在那里,每个人的自由发展是一切人的自由发展的条件。"请你猜测一下这一结果需要历经多久才能实现?中间可能会经过哪些过程?

马克思在《共产党宣言》中提出了一种"最无愧于和最适合于"人的本性的发展状态,即"每个人的自由发展是一切人的自由发展的条件",① 这就是人们所熟知的马克思主义的根本的价值目标。在1894年,有记者请恩格斯(当时马克思已经去世)用尽量简短的字句来表述一下他和马克思为之奋斗一生的理想社会,恩格斯一字不动地照搬了上述这句话。由此可见,人的自由发展在马克思主义理论体系中的地位是何等重要。然而如此

---

① 《马克思恩格斯文集》第2卷,北京:人民出版社2009年版,第53页。

重要的命题,在马克思和恩格斯的全部文本中所占的篇幅却极小,他们对"人的自由发展"的描述也极其简略。如果马克思恩格斯面对人的自由发展何时才能实现的问题,我想他们肯定不会回答这个问题,因为马克思恩格斯不是把人的自由发展当成是现实的人应当与之相适应的纯粹理想,人的自由发展不是静悄悄地在某个地方等着人们加以实现,所以这个问题是一个主观臆想的问题。当马克思恩格斯在世时,曾经有人问他们如何实施共产主义,马克思就回答:"在我看来是提得不正确的。在将来某个特定的时刻应该做些什么,应该马上做些什么,这当然完全取决于人们将不得不在其中活动的那个特定的历史环境。但是,现在提出这个问题是虚无缥缈的,因而实际上是一个幻想的问题,对这个问题的唯一的答复应当是对问题本身的批判。"① 马克思恩格斯从来不越俎代庖地去规定未来人应当做些什么和不做些什么,在他们看来,每一时代人们的历史活动及其使命都要根据特定的历史环境来确定,如果今天的人对未来规定得越是详尽和具体,那么就越是陷入幻想和空想,这样也就没有任何意义了。

同时,你的问题的提出方式也反映了你是把人的自由发展"仅仅"当成了人的发展目标,这并不符合马克思的本意。马克思认为,人的自由发展除了是人的价值目标之外,还是现实的历史运动,并体现为人的现实的活动状态所蕴含的超越性因素。例如,马克思谈到吃喝、性行为等生理活动时,把这些活动看作是人的自由发展的体现:"吃、喝、生殖等等,固然也是真正的人

---

① 《马克思恩格斯全集》第35卷,北京:人民出版社1971年版,第154页。

的机能。"① 问题的关键不在于吃喝等生理活动被冠以"低级"称号，也不在于读书等精神活动被赋予"高雅"性质，而是人们的任何一种活动方式都存在着不断超越自身的维度，这些维度也就是人的自由发展的体现。就此而言，作为价值目标的人的自由发展，标志着超越性维度成为人们的各种活动的主导方面，作为现实运动的人的自由发展，意味着超越性维度就是人们的各种活动的内蕴。这样来理解人的自由发展，才能将目标和过程、未来和现实、远大理想和历史活动有机地结合起来，人的自由发展才值得每个人加以追求。

正因为马克思恩格斯把人的自由发展既视为价值目标，又视为历史运动，所以人的自由发展不是一蹴而就的，而是经历了一个漫长的过程。你的问题"人的自由发展会经过哪些过程"，这倒是马克思研究过的重要问题。马克思的回答是："人的依赖关系（起初完全是自然发生的），是最初的社会形式，在这种形式下，人的生产能力只是在狭小的范围内和孤立的地点上发展着。以物的依赖性为基础的人的独立性，是第二大形态，在这种形式下，才形成普遍的社会物质交换、全面的关系、多方面的需要以及全面的能力的体系。建立在个人全面发展和他们共同的、社会的生产能力成为从属于他们的社会财富这一基础上的自由个性，是第三个阶段。第二个阶段为第三个阶段创造条件。"② 简要来说，马克思认为人的依赖关系、人的独立性和人的自由个性是人的发展所经历的三个阶段。人的依赖关系是资本主义社会以前人

---

① 〔德〕马克思：《1844年经济学哲学手稿》，北京：人民出版社2000年版，第55页。
② 《马克思恩格斯文集》第8卷，北京：人民出版社2009年版，第52页。

的发展形态,在这个阶段,人们的生产能力和生存能力非常贫乏,个人与社会之间的关系也比较简单,人的社会化程度相当低下,贫乏的社会关系造成个人事实上没有独立性和个性,个人必须依赖氏族、部落或家族而存在,这就是"人的依赖关系"。在资本主义社会条件下,商品经济逐渐成为社会的主导经济形态,人们通过商品交换和货币交换而发生全面的关系,人的社会化程度已经充分发展起来,人们可以不依赖任何特定的群体而依然享有生活的自由,例如你手中只要持有足够的货币,那么你就可以满足自己的需要、表现自己的愿望,但是人所拥有的这种"独立性"是建立在对物(例如货币)的依赖性基础之上的,所以在这一历史阶段,人的发展突出地体现了两面性,一方面人的自由、富足、完善达到了极高的程度,另一方面人的发展深深地陷入物的崇拜而无法自拔,这是以物为中介来追求人的发展的历史形态。然而,商品经济的发展终将造就生产力高度发达、物质财富极大涌流的社会,在那样的社会中,人们不必再以物为中介来追求自己的目的,而是径直追求人的发展目的即可,人的自由全面发展已经成为各种现实活动的直接动机和目的,这一阶段的人也就表现为"自由个性"。